FORMULÁRIOS BDJUR
Laboral

Formulários BDJUR
LABORAL
AUTOR
Fausto Leite
COORDENAÇÃO
BDJUR – Biblioteca Digital Jurídica
EDITOR
EDIÇÕES ALMEDINA, S.A.
Rua Fernandes Tomás, nºs 76-80
3000-167 Coimbra
Tel.: 239 851 904 · Fax: 239 851 901
www.almedina.net · editora@almedina.net
DESIGN DE CAPA
FBA.
PRÉ-IMPRESSÃO
EDIÇÕES ALMEDINA, S.A.
IMPRESSÃO E ACABAMENTO
PENTAEDRO, LDA.
Setembro, 2019
DEPÓSITO LEGAL
461439/19

ALMEDINA | GRUPOALMEDINA

BIBLIOTECA NACIONAL DE PORTUGAL – CATALOGAÇÃO NA PUBLICAÇÃO
LEITE, Fausto
FORMULÁRIOS BDJUR: LABORAL – 6ª ed. (Formulários)
ISBN 978-972-40-8010-9
CDU 349

FORMULÁRIOS BDJUR
Laboral

6ª Edição

Fausto Leite
Advogado Especialista em Direito do Trabalho

ALMEDINA

ÍNDICE

III. Cessação do Contrato de Trabalho

IV. Procedimento Disciplinar com Intenção de Despedimento

V. Procedimento Disciplinar sem Intenção de Despedimento

IX. Processo Especial de Impugnação do Despedimento

X. Recursos

XI. Requerimentos Diversos

XII. Participações

NOTA PRÉVIA

EEsta obra contém 100 formulários de contratos de trabalho, incluindo alterações e formas de cessação, procedimentos disciplinares com e sem intenção de despedimento, procedimentos de despedimento colectivo e por extinção de posto de trabalho, processos comum e especial de impugnação judicial do despedimento, recursos, requerimentos, participações e procurações, entre outros.

Todos os formulários foram elaborados conforme a legislação em vigor, nomeadamente, o Código do Trabalho aprovado pela Lei nº 7/2009, de 12 de Fevereiro, regulamentado pela Lei nº 105/2009, de 14 de Setembro e alterado pelas Leis nºs 23/2012, de 25 de Junho, 47/2012, de 29 de Agosto, 69/2013, de 30 de Agosto, 27/2014, de 8 de Maio, 55/2014, de 28 de Agosto, 28/2015, de 14 de Abril, 120/2015, de 1 de Setembro, 8/2016, de 1 de Abril, 28/2016, de 23 de Agosto, 55/2017, de 17 de Julho, 73/2017, de 16 de Agosto e 14/2018, de 19 de Março, 90 e 93/2019, de 4 de Setembro, bem como o Código de Processo do Trabalho aprovado pelos Decretos-Lei nºs 480/99, de 9 de Setembro, com as alterações introduzidas pelos Decretos-Lei nºs 323/2001, de 17 de Dezembro, 38/2003, de 8 de Março e 295/2009, de 13 de Outubro e pelas Leis nºs 63/2013, de 27 de Agosto, 55/2013, de 14 de Agosto, 73/2017, de 16 de Agosto e 107/2019, de 9 de Setembro.

Os formulários foram actualizados, também, de harmonia com o novo Código de Processo Civil, aprovado pela Lei nº 41/2013, de 26 de Junho, alterado pelas Leis nºs 122/2015, de 1 de Setembro, 40-A/2016, de 22 de Dezembro, 8/2017, de 3 de Março e pelos Decretos-Leis nºs 68/2014, de

10 de Junho e 97/2019, de 28 de Julho e pelas Leis nºs 114/2017, de 29 de Dezembro, 49/2018, de 14 de Agosto e 27/2019, de 28 de Março em matéria de tramitação eletrónica, simplificação e agilização processual e com a Lei da Organização do Sistema Judiciário, aprovada pela Lei nº 62/2013, de 26 de Agosto, alterada pela Lei nº 40-A/2016, de 22 de Dezembro e regulamentada pelo Decreto-Lei nº 49/2014, de 27 de Março, alterado pelo Decreto--Lei nº 86/2016, de 27 de Dezembro, pela Lei nº 19/2019, de 19 de Fevereiro e pelo Decreto-Lei nº 38/2019, de 18 de Março e pela Lei 107/2019, de 9 de Setembro.

Embora sejam feitas referências às normas legais e à jurisprudência dominante, a sua consulta não dispensa a interpretação e aplicação do direito laboral ao caso concreto.

Com esta publicação pretendemos contribuir para a melhoria da prática contratual e processual na área do trabalho.

FAUSTO LEITE

I. Contratos de Trabalho

1. CONTRATO-PROMESSA DE TRABALHO[1]

Entre:

– Empregador,[2] pessoa colectiva nº ...,[3] com sede na Rua ..., representada por ...,[4] adiante designada por **primeira contraente** e

– Trabalhador,[5] estado civil, profissão, residente na Rua ..., titular do cartão de cidadão nº ..., válido até ..., contribuinte fiscal nº ..., adiante designado por **segundo contraente**, é celebrado, de boa fé, o presente contrato-promessa de trabalho, com as seguintes cláusulas:

CLÁUSULA 1ª

(Admissão)

A **primeira contraente** obriga-se a admitir o **segundo contraente** e este obriga-se a prestar serviço àquela, a partir do dia ...

CLÁUSULA 2.ª

(Funções)

1. O **segundo contraente** obriga-se a exercer, sob a autoridade e direcção da **primeira contraente**, as funções de ... (categoria profissional, se estiver prevista em regulamentação colectiva do trabalho, ou descrição das tarefas).
2. Na actividade mencionada em 1. são incluídas as tarefas afins ou funcionalmente ligadas para as quais tenha qualificação adequada e que não impliquem desvalorização profissional.

[1] A promessa de contrato de trabalho é regulada pelo art. 103º do CT.

[2] Denominação da pessoa colectiva ou nome completo da pessoa singular.

[3] NIPC se for pessoa colectiva ou NIF se for pessoa singular.

[4] A pessoa colectiva é representada por um ou mais gerentes, administradores ou procuradores, conforme o respectivo contrato de sociedade.

[5] Nome completo.

CLÁUSULA 3.ª
(Local de trabalho)

1. A actividade do **segundo contraente** será exercida em ... (local da sede ou do estabelecimento), sem prejuízo das deslocações inerentes ao seu exercício.
2. A **primeira contraente** pode transferir o **segundo contraente** para outro local de trabalho, em caso de mudança de estabelecimento ou por outro motivo da empresa, se a transferência não lhe causar prejuízo sério.

CLÁUSULA 4.ª
(Horário de trabalho)

O **segundo contraente** obriga-se a prestar o serviço durante o seguinte horário de trabalho ... (por ex., de segunda a sexta-feira, das 9 às 13 e das 14 às 18 horas).

CLÁUSULA 5.ª
(Retribuição)

1. A **primeira contraente** pagará ao **segundo contraente** a retribuição ilíquida mensal de € ..., sujeita aos descontos legais, acrescida de um subsídio de refeição de € ... por cada dia útil de trabalho prestado.
2. O pagamento será efectuado por transferência bancária para o NIB ..., por forma a que o montante da retribuição fique à disposição do **segundo contraente** até ao último dia útil de cada mês.

CLÁUSULA 6ª
(Período experimental)

1. O período experimental será de 90 dias, nos termos da alínea a) do nº 1 do art. 112º do Código do Trabalho.[1]

[1] Salvo acordo escrito das partes ou regulamentação colectiva de trabalho em contrário, nos contratos de trabalho sem termo o período experimental pode ter a duração de 180 dias para trabalhadores que exerçam cargos de complexidade técnica, elevado grau de responsabilidade ou

2. A **primeira contraente** pode denunciar o contrato durante o período experimental sem aviso prévio, nem direito a indemnização.
3. A **primeira contraente** deve avisar o **segundo contraente** com a antecedência de sete dias se o período experimental tiver durado mais de 60 dias e de 15 dias se aquele tiver durado mais de 120 dias.

CLÁUSULA 7ª
(Férias)

1. As férias do **segundo contraente** têm a duração de 22 dias úteis.
2. No ano de admissão, o **segundo contraente** terá direito a dois dias úteis de férias por cada mês de duração do contrato, até 20 dias, que poderão ser gozados após seis meses de duração do contrato.

CLÁUSULA 8ª
(Denúncia)

A **segunda contraente** pode denunciar o contrato, mediante comunicação escrita com a antecedência de 30 ou 60 dias, conforme tenha, respectivamente, até dois ou mais de dois anos de antiguidade, sem prejuízo dos nºs 2 e 3 da Cláusula 6ª.

CLÁUSULA 9ª
(Confidencialidade)

O **segundo contraente** obriga-se a guardar sigilo relativamente a quaisquer informações respeitantes à **primeira contraente**, sendo-lhe, nomeadamente, vedado efectuar quaisquer reproduções, cópias ou distribuição de documentos que lhe pertençam.

que pressuponham especial qualificação, que desempenhem funções de confiança, bem como para trabalhadores à procura de primeiro emprego e desempregados de longa duração, segundo o art. 112º, nº 1, alínea b) do CT, alterado pela Lei nº 93/2019, de 4 de Setembro.

CLÁUSULA 10ª
(Seguro de acidentes de trabalho)

A responsabilidade pela reparação de acidentes de trabalho do **segundo contraente** será transferida para a Companhia de Seguros ..., através da Apólice nº ....

CLÁUSULA 11ª
(Regulamentação colectiva de trabalho aplicável)

Ao prometido contrato será aplicável o Contrato Colectivo de Trabalho celebrado entre a Associação de Empresas de ... e o Sindicato dos Trabalhadores de ... e outros, publicado no BTE, 1ª Série, nº ... de ... .

CLÁUSULA 12ª
(Incumprimento)

O incumprimento culposo do presente contrato-promessa de trabalho dá lugar à responsabilidade civil do contraente faltoso pelos danos causados, nos termos gerais.

Feito em duplicado, ficando cada um dos contraentes na posse de um exemplar.

Local e data

Pela primeira contraente, O segundo contraente,

2. CONTRATO DE TRABALHO SEM TERMO

Entre:

– Empregador,[1] pessoa colectiva nº ...,[2] com sede na Rua ..., representada por ...,[3] adiante designada por **primeira contraente** e

– Trabalhador,[4] estado civil, profissão, residente na Rua ..., titular do cartão de cidadão nº ..., válido até ..., contribuinte fiscal nº ..., adiante designado por **segundo contraente**, é celebrado, de boa fé, o presente contrato de trabalho, com as seguintes cláusulas:

CLÁUSULA 1ª
(Admissão)

A **primeira contraente** admite ao seu serviço o **segundo contraente** a partir do dia ... .

CLÁUSULA 2ª
(Funções)

1. O **segundo contraente** obriga-se a exercer, sob a autoridade e direcção da **primeira contraente**, as funções de ... (categoria profissional, se estiver prevista em regulamentação colectiva do trabalho, ou descrição das tarefas).
2. Na actividade mencionada em 1. são incluídas as tarefas afins ou funcionalmente ligadas para as quais tenha qualificação adequada e que não impliquem desvalorização profissional.

[1] Denominação da pessoa colectiva ou nome completo da pessoa singular.

[2] NIPC se for pessoa colectiva ou NIF se for pessoa singular.

[3] A pessoa colectiva é representada por um ou mais gerentes, administradores ou procuradores, conforme o respectivo contrato de sociedade.

[4] Nome completo.

CLÁUSULA 3ª
(Local de trabalho)

1. A actividade do **segundo contraente** será exercida em ... (local da sede ou do estabelecimento), sem prejuízo das deslocações inerentes ao seu exercício.
2. A **primeira contraente** pode transferir o **segundo contraente** para outro local de trabalho, em caso de mudança de estabelecimento ou por outro motivo da empresa, se a transferência não lhe causar prejuízo sério.

CLÁUSULA 4ª
(Horário de trabalho)

O **segundo contraente** obriga-se a prestar o serviço durante o seguinte horário de trabalho ... (por ex., de segunda a sexta-feira, das 9 às 13 e das 14 às 18 horas).

CLÁUSULA 5ª
(Retribuição)

1. A **primeira contraente** pagará ao **segundo contraente** a retribuição ilíquida mensal de € ..., sujeita aos descontos legais, acrescida de um subsídio de refeição de € ... por cada dia útil de trabalho prestado.
2. O pagamento será efectuado por transferência bancária para o NIB ..., por forma a que o montante da retribuição fique à disposição do **segundo contraente** até ao último dia útil de cada mês.

CLÁUSULA 6ª
(Período experimental)

1. O período experimental é de 90 dias, nos termos da alínea a) do nº 1 do art. 112º do Código do Trabalho.[1]

[1] Salvo acordo escrito das partes ou regulamentação colectiva de trabalho em contrário, nos contratos de trabalho sem termo o período experimental pode ter a duração de 180 dias para trabalhadores que exerçam cargos de complexidade técnica, elevado grau de responsabilidade ou

2. Qualquer das partes pode denunciar o contrato durante o período experimental sem aviso prévio, nem direito a indemnização.
3. A **primeira contraente** tem de avisar o **segundo contraente** com a antecedência de sete dias se o período experimental tiver durado mais de 60 dias.

CLÁUSULA 7ª

(Férias)

1. As férias do **segundo contraente** têm a duração de 22 dias úteis.
2. No ano de admissão, o **segundo contraente** tem direito a dois dias úteis de férias por cada mês de duração do contrato até 20 dias, que poderão ser gozados após seis meses de duração do contrato.

CLÁUSULA 8ª

(Denúncia)

O **segundo contraente** pode denunciar o contrato, mediante comunicação escrita com a antecedência de 30 ou 60 dias, conforme tenha, respectivamente, até dois ou mais de dois anos de antiguidade, sem prejuízo do nº 2 da cláusula 6ª.

CLÁUSULA 9ª

(Confidencialidade)

O **segundo contraente** obriga-se a guardar sigilo relativamente a quaisquer informações respeitantes à **primeira contraente**, sendo-lhe, nomeadamente, vedado efectuar quaisquer reproduções, cópias ou distribuição de documentos que lhe pertençam.

que pressuponham especial qualificação, que desempenhem funções de confiança, bem como para trabalhadores à procura de primeiro emprego e desempregados de longa duração, segundo o art. 112º, nº 1, alínea b) do CT, alterado pela Lei nº 93/2019, de 4 de Setembro.

CLÁUSULA 10ª
(Seguro de acidentes de trabalho)

A responsabilidade pela reparação de acidentes de trabalho do **segundo contraente** é transferida para a Companhia de Seguros ..., através da Apólice nº ....[1]

CLÁUSULA 11ª
(Regulamentação colectiva de trabalho aplicável)

Ao presente contrato é aplicável o Contrato Colectivo de Trabalho celebrado entre a Associação de Empresas de ... e o Sindicato dos Trabalhadores de ... e outros, publicado no BTE, 1ª Série, nº ... de .... [2]

CLÁUSULA 12ª
(Lacunas e dúvidas)

As lacunas e dúvidas eventualmente emergentes do presente contrato serão integradas e resolvidas de harmonia com o Código do Trabalho.

Feito em duplicado, ficando cada um dos contraentes na posse de um exemplar.

Local e data

Pela primeira contraente, O segundo contraente,

[1] Fica, assim, cumprido o dever de informação previsto na alínea j) do nº 3 do art. 106º do CT.
[2] É necessário verificar qual o instrumento de regulamentação colectiva de trabalho aplicável, se houver, designadamente, Acordo Colectivo de Trabalho ou Contrato Colectivo de Trabalho, para cumprir o dever de informação previsto na alínea l) do nº 3 do art. 106º do CT.

3. CONTRATO DE TRABALHO A TERMO CERTO

Entre:

– Empregador, [1] pessoa colectiva nº ...,[2] com sede na Rua ..., representada por ...,[3] adiante designada por **primeira contraente** e

– Trabalhador,[4] estado civil, profissão, residente na Rua ..., titular do cartão de cidadão nº ..., válido até ..., contribuinte fiscal nº ..., adiante designado por **segundo contraente**, é celebrado, de boa fé, o presente contrato de trabalho a termo certo, com as seguintes cláusulas:

CLÁUSULA 1ª

(Admissão)

A **primeira contraente** admite ao seu serviço o **segundo contraente** no dia ....

CLÁUSULA 2ª

(Funções)

1. O **segundo contraente** obriga-se a exercer, sob a autoridade e direcção da **primeira contraente**, as funções de ... (categoria profissional, se estiver prevista em regulamentação colectiva do trabalho, ou descrição das tarefas).
2. Na actividade mencionada em 1. são incluídas as tarefas afins ou funcionalmente ligadas para as quais tenha qualificação adequada e que não impliquem desvalorização profissional.

[1] Denominação da pessoa colectiva ou nome completo da pessoa singular.

[2] NIPC se for pessoa colectiva ou NIF se for pessoa singular.

[3] A pessoa colectiva é representada por um ou mais gerentes, administradores ou procuradores, conforme o respectivo contrato de sociedade.

[4] Nome completo.

CLÁUSULA 3ª
(Local de trabalho)

1. A actividade do **segundo contraente** será exercida em ... (local da sede ou do estabelecimento), sem prejuízo das deslocações inerentes ao seu exercício.
2. A **primeira contraente** pode transferir o **segundo contraente** para outro local de trabalho, em caso de mudança de estabelecimento ou por outro motivo da empresa, se a transferência não lhe causar prejuízo sério.

CLÁUSULA 4ª
(Horário de trabalho)

O **segundo contraente** obriga-se a prestar o serviço durante o seguinte horário de trabalho ... (por ex., de segunda a sexta-feira, das 9 às 13 e das 14 às 18 horas).

CLÁUSULA 5ª
(Retribuição)

1. A **primeira contraente** pagará ao **segundo contraente** a retribuição ilíquida mensal de € ..., sujeita aos descontos legais, acrescida de um subsídio de refeição de € ...por cada dia útil de trabalho prestado.
2. O pagamento será efectuado por transferência bancária para o NIB ..., por forma a que o montante da retribuição fique à disposição do **segundo contraente** até ao último dia útil de cada mês.

CLÁUSULA 6ª
(Duração)

1. O presente contrato cessa no dia ... .
2. O presente contrato pode ser renovado até três vezes e a sua duração não pode exceder dois anos. [1]-[2]

[1] "As partes podem acordar que o contrato de trabalho a termo certo não fica sujeito a renovação" (nº 1 do art. 149º do CT).

[2] A duração não pode exceder os 2 anos posteriores ao início do motivo justificativo no caso de

3. A duração total das renovações não pode exceder a do período inicial do contrato. [1]

CLÁUSULA 7ª

(Período experimental)

O período experimental é de 30 dias.[2]

CLÁUSULA 8ª

(Férias)

1. As férias do **segundo contraente** têm a duração de 22 dias úteis.
2. No ano de admissão, o **segundo contraente** tem direito a dois dias úteis de férias por cada mês de duração do contrato, até 20 dias, que poderão ser gozados após seis meses de duração do contrato.

CLÁUSULA 9ª

(Caducidade)

O presente contrato caducará se o primeiro ou o segundo contraente comunicar, por escrito, a sua não renovação, até quinze ou oito dias antes de o prazo expirar, respectivamente.

CLÁUSULA 10ª

(Confidencialidade)

O **segundo contraente** obriga-se a guardar sigilo relativamente a quaisquer informações respeitantes à **primeira contraente**, sendo-lhe, nomea-

lançamento de nova actividade de duração incerta, início do funcionamento de empresa ou de estabelecimento pertencente a empresa com menos de 250 trabalhadores (Lei nº 93/2019, de 4 de Setembro).

[1] A duração total das renovações foi introduzida pela mesma Lei.

[2] Nos contratos de trabalho a termo, a duração do período experimental é de 30 dias quando a duração é igual ou superior a 6 meses, de 15 dias quando a duração é inferior a 6 meses ou nos contratos a termo incerto com duração previsível inferior a 6 meses.

damente, vedado efectuar quaisquer reproduções, cópias ou distribuição de documentos que lhe pertençam.

CLÁUSULA 11ª
(Justificação)

O presente contrato é justificado pelo acréscimo excepcional da actividade da **primeira contraente**, motivado por ... .[1]

CLÁUSULA 12º
(Seguro de acidentes de trabalho)

A responsabilidade pela reparação de acidentes de trabalho do **segundo contraente** é transferida para a Companhia de Seguros ..., através da Apólice nº .... [2]

CLÁUSULA 13ª
(Regulamentação colectiva de trabalho aplicável)

Ao presente contrato é aplicável o Contrato Colectivo de Trabalho celebrado entre a Associação de Empresas de ... e o Sindicato dos Trabalhadores ... e outros, publicado no BTE, 1ª Série, nº ... de ... [3]

CLÁUSULA 14ª
(Lacunas e dúvidas)

As lacunas e dúvidas eventualmente emergentes do presente contrato serão integradas e resolvidas de harmonia com o Código do Trabalho, nomeadamente, os arts. 139º a 149º.

[1] O motivo justificativo deve ser concretizado com menção expressa dos respectivos factos.
[2] Fica, assim, cumprido o dever de informação previsto na alínea j) do nº 3 do art. 106º do CT.
[3] É necessário verificar qual o instrumento de regulamentação colectiva de trabalho aplicável, se houver, designadamente, Acordo Colectivo de Trabalho ou Contrato Colectivo de Trabalho, para cumprir o dever de informação previsto na alínea l) do nº 3 do art. 106º do CT.

Feito em duplicado, ficando cada um dos contraentes na posse de um exemplar.

Local e data

Pela primeira contraente, O segundo contraente,

4. CONTRATO DE TRABALHO A TERMO CERTO COM TRABALHADOR ESTRANGEIRO[1]

Entre:

– Empregador,[2] pessoa colectiva nº ...,[3] com sede na Rua ..., representada por ...,[4] adiante designada por **primeira contraente** e

– Trabalhador,[5] estado civil, profissão, residente na Rua ..., titular do passaporte nº ..., válido até ..., com autorização de residência ou permanência emitido em ..., adiante designado por **segundo contraente**, é celebrado, de boa fé, o presente contrato de trabalho a termo certo, com as seguintes cláusulas:

CLÁUSULA 1ª

(Admissão)

A **primeira contraente** admite ao seu serviço o **segundo contraente** com início no dia ....

CLÁUSULA 2ª

(Funções)

1. O **segundo contraente** obriga-se a exercer, sob a autoridade e direcção da **primeira contraente**, as funções de ... (categoria profissional, se estiver prevista em regulamentação colectiva do trabalho, ou descrição das tarefas).

[1] O empregador deve comunicar à Autoridade para as Condições de Trabalho a celebração deste contrato, antes do início da sua execução, bem como a sua cessação, nos quinze dias posteriores (v. nº 5 do art. 5º do CT).

[2] Denominação da pessoa colectiva ou nome completo da pessoa singular.

[3] NIPC se for pessoa colectiva ou NIF se for pessoa singular.

[4] A pessoa colectiva é representada por um ou mais gerentes, administradores ou procuradores, conforme o respectivo contrato de sociedade.

[5] Nome completo.

2. Na actividade mencionada em 1. são incluídas as tarefas afins ou funcionalmente ligadas para as quais tenha qualificação adequada e que não impliquem desvalorização profissional.

CLÁUSULA 3ª

(Local de trabalho)

1. A actividade do **segundo contraente** será exercida em ... (local da sede ou do estabelecimento), sem prejuízo das deslocações inerentes ao seu exercício.
2. A **primeira contraente** pode transferir o **segundo contraente** para outro local de trabalho, em caso de mudança de estabelecimento ou por outro motivo da empresa, se a transferência não lhe causar prejuízo sério.

CLÁUSULA 4ª

(Horário de trabalho)

O **segundo contraente** obriga-se a prestar o serviço durante o seguinte horário de trabalho ... (por ex., de segunda a sexta-feira, das 9 às 13 e das 14 às 18 horas).

CLÁUSULA 5ª

(Retribuição)

1. A **primeira contraente** pagará ao **segundo contraente** a retribuição ilíquida mensal de € ..., sujeita aos descontos legais, acrescida de um subsídio de refeição de € ...por cada dia útil de trabalho prestado.
2. O pagamento será efectuado por transferência bancária para o NIB ..., por forma a que o montante da retribuição fique à disposição do **segundo contraente** até ao último dia útil de cada mês.

CLÁUSULA 6ª

(Duração)

1. O presente contrato cessa no dia ... .

2. O presente contrato pode ser renovado até três vezes e a sua duração não pode exceder dois anos. [1]-[2]

3. A duração total das renovações não pode exceder a do período inicial do contrato. [3]

CLÁUSULA 7ª

(Período experimental)

O período experimental é de 30 dias.[4]

CLÁUSULA 8ª

(Férias)

1. As férias do **segundo contraente** têm a duração de 22 dias úteis.

2. No ano de admissão, o **segundo contraente** tem direito a dois dias úteis de férias por cada mês de duração do contrato, até 20 dias, que poderão ser gozados após seis meses de duração do contrato.[5]

CLÁUSULA 9ª

(Caducidade)

O presente contrato caducará se o primeiro ou o segundo contraente comunicar, por escrito, a sua não renovação, até quinze ou oito dias antes de o prazo expirar, respectivamente.

[1] "As partes podem acordar que o contrato de trabalho a termo certo não fica sujeito a renovação" (nº 1 do art. 149º do CT).

[2] A duração não pode exceder os 2 anos posteriores ao início do motivo justificativo no caso de lançamento de nova actividade de duração incerta, início do funcionamento de empresa ou de estabelecimento pertencente a empresa com menos de 250 trabalhadores (Lei nº 93/2019, de 4 de Setembro).

[3] A duração total das renovações foi introduzida pela mesma Lei.

[4] Nos contratos de trabalho a termo a duração é de 30 dias quando a duração é igual ou superior a 6 meses e de 15 dias quando a duração é inferior a 6 meses ou nos contratos a termo incerto com duração previsível inferior a 6 meses.

[5] Se a duração do contrato for inferior a seis meses, o segundo contraente tem direito, apenas, a dois dias úteis por cada mês de duração do contrato.

CLÁUSULA 10ª
(Confidencialidade)

O **segundo contraente** obriga-se a guardar sigilo relativamente a quaisquer informações respeitantes à **primeira contraente**, sendo-lhe, nomeadamente, vedado efectuar quaisquer reproduções, cópias ou distribuição de documentos que lhe pertençam.

CLÁUSULA 11ª
(Justificação)

O presente contrato é justificado pelo acréscimo excepcional da actividade da **primeira contraente**, motivado por ...[1]

CLÁUSULA 12º
(Seguro de acidentes de trabalho)

A responsabilidade pela reparação de acidentes de trabalho do **segundo contraente** é transferida para a Companhia de Seguros ..., através da Apólice nº ....[2]

CLÁUSULA 13ª
(Documentação)

O **segundo contraente** obriga-se a manter válidos os documentos comprovativos do cumprimento das disposições legais relativas à sua entrada, bem como à sua permanência ou residência.

CLÁUSULA 14ª
(Informação)

O **segundo contraente** deve informar a **primeira contraente**, caso lhe seja retirada, temporária ou definitivamente, a autorização de residência ou permanência em Portugal.

[1] O motivo justificativo deve ser concretizado com menção expressa dos respectivos factos.
[2] Fica, assim, cumprido o dever de informação previsto na alínea j) do nº 3 do art. 106º do CT.

CLÁUSULA 15ª
(Anexos) [1]

1. Ao presente contrato são anexados a identificação e o domicílio das pessoas beneficiárias de pensão em caso de morte resultantes de acidente de trabalho ou doença profissional.
2. São ainda apensos ao presente contrato os documentos comprovativos do cumprimento das disposições legais relativas à entrada e à residência ou permanência do **segundo contraente** em Portugal.

CLÁUSULA 16ª
(Lacunas e dúvidas)

As lacunas e dúvidas eventualmente emergentes do presente contrato serão integradas e resolvidas de harmonia com o Código do Trabalho, nomeadamente, os arts. 5º e 139º a 149º.

Feito em duplicado, ficando cada um dos contraentes na posse de um exemplar.

Local e data

Pela primeira contraente, O segundo contraente,

[1] V. nºs 2 e 4 do art. 5º do CT.

5. CONTRATO DE TRABALHO A TERMO INCERTO

Entre:

– Empregador,[1] pessoa colectiva nº ...,[2] com sede na Rua ..., representada por ...,[3] adiante designada por **primeira contraente** e

– Trabalhador,[4] estado civil, profissão, residente na Rua ..., titular do cartão de cidadão nº ..., válido até ..., contribuinte fiscal nº ..., adiante designado por **segundo contraente**, é celebrado, de boa fé, o presente contrato de trabalho a termo incerto, com as seguintes cláusulas:

CLÁUSULA 1ª
(Admissão)

A **primeira contraente** admite ao seu serviço o **segundo contraente** no dia ....

CLÁUSULA 2ª
(Funções)

1. O **segundo contraente** obriga-se a exercer, sob a autoridade e direcção da **primeira contraente**, as funções de ... (categoria profissional, se estiver prevista em regulamentação colectiva do trabalho, ou descrição das tarefas).
2. Na actividade mencionada em 1. são incluídas as tarefas afins ou funcionalmente ligadas para as quais tenha qualificação adequada e que não impliquem desvalorização profissional.

[1] Denominação da pessoa colectiva ou nome completo da pessoa singular.
[2] NIPC se for pessoa colectiva ou NIF se for pessoa singular.
[3] A pessoa colectiva é representada por um ou mais gerentes, administradores ou procuradores, conforme o respectivo contrato de sociedade.
[4] Nome completo.

CLÁUSULA 3ª
(Local de trabalho)

1. A actividade do **segundo contraente** será exercida em ... (local da sede ou do estabelecimento), sem prejuízo das deslocações inerentes ao seu exercício.
2. A **primeira contraente** pode transferir o **segundo contraente** para outro local de trabalho, em caso de mudança de estabelecimento ou por outro motivo da empresa, se a transferência não lhe causar prejuízo sério.

CLÁUSULA 4ª
(Isenção de horário de trabalho)

1. O **segundo contraente** está isento de horário de trabalho.[1]
2. A **primeira contraente** pagará, mensalmente, ao **segundo contraente** a retribuição específica de € ... pela isenção do horário de trabalho[2].

CLÁUSULA 5ª
(Retribuição)

1. A **primeira contraente** pagará ao **segundo contraente** a retribuição ilíquida mensal de € ..., sujeita aos descontos legais, acrescida de um subsídio de refeição de € ... por cada dia útil de trabalho prestado, sem prejuízo da retribuição prevista no nº 2 da Cláusula 4ª.
2. O pagamento será efectuado por transferência bancária para o NIB ..., por forma a que o montante da retribuição fique à disposição do **segundo contraente** até ao último dia útil de cada mês.

CLÁUSULA 6ª
(Período experimental)

O período experimental é de 30 dias.[3]

[1] V. art. 218º do CT.

[2] V. art. 265º do CT.

[3] O período experimental é de 15 dias se a duração previsível do contrato não ultrapassar seis meses.

CLÁUSULA 7ª
(Férias)

1. As férias do **segundo contraente** têm a duração de 22 dias úteis.
2. No ano de admissão, o **segundo contraente** tem direito a dois dias úteis de férias por cada mês de duração do contrato, até 20 dias, que poderão ser gozados após seis meses de duração do contrato.[1]

CLÁUSULA 8ª
(Justificação)

O presente contrato é justificado pela necessidade de substituir a assistente social ... (nome) ... que se encontra na situação de baixa por doença.

CLÁUSULA 9ª
(Caducidade)

O presente contrato caducará quando a assistente social identificada na Cláusula 8ª tiver alta.[2-3]

CLÁUSULA 10ª
(Confidencialidade)

O **segundo contraente** obriga-se a guardar sigilo relativamente a quaisquer informações respeitantes à **primeira contraente**, sendo-lhe, nomeadamente, vedado efectuar quaisquer reproduções, cópias ou distribuição de documentos que lhe pertençam.

[1] Se a duração do contrato for inferior a seis meses, o segundo contraente tem direito, apenas, a dois dias úteis por cada mês de duração do contrato.
[2] "O contrato de trabalho a termo incerto caduca quando, prevendo-se a ocorrência do termo, o empregador comunique a cessação do mesmo ao trabalhador, com a antecedência mínima de sete, 30 ou 60 dias, conforme o contrato tenha durado até seis meses, de seis meses a dois anos ou por período superior" (nº 1 do art. 345º do CT).
[3] A duração do contrato de trabalho a termo incerto não pode ser superior a quatro anos, conforme nº 5 do art. 148º do CT, alterado pela Lei nº 93/2019, de 4 de Setembro.

CLÁUSULA 11ª
(Seguro de acidentes de trabalho)

A responsabilidade pela reparação de acidentes de trabalho do **segundo contraente** é transferida para a Companhia de Seguros ..., através da Apólice nº ... .[1]

CLÁUSULA 12ª
(Regulamentação colectiva de trabalho aplicável)

Ao presente contrato é aplicável o Contrato Colectivo de Trabalho celebrado entre a Associação de Empresas de ... e o Sindicato dos Trabalhadores de ... e outros, publicado no BTE, 1ª Série, nº ... de ... .[2]

CLÁUSULA 13ª
(Lacunas e dúvidas)

As lacunas e dúvidas eventualmente emergentes do presente contrato serão integradas e resolvidas de harmonia com o Código do Trabalho, nomeadamente, os arts. 139º a 148º.

Feito em duplicado, ficando cada um dos contraentes na posse de um exemplar.

Local e data

Pela primeira contraente,　　　　O segundo contraente,

[1] Fica, assim, cumprido o dever de informação previsto na alínea j) do nº 3 do art. 106º do CT.

[2] É necessário verificar qual o instrumento de regulamentação colectiva de trabalho aplicável, se houver, designadamente, Acordo Colectivo de Trabalho ou Contrato Colectivo de Trabalho, para cumprir o dever de informação previsto na alínea l) do nº 3 do art. 106º do CT.

6. CONTRATO DE TRABALHO COM PLURALIDADE DE EMPREGADORES[1]

Entre:

– Empregador,[2] pessoa colectiva nº ...,[3] com sede na Rua ... , representada por ...,[4] adiante designada por **primeira contraente**;

– Empregador,[2] pessoa colectiva nº ...,[3] com sede na Rua ... , representada por ...,[4] adiante designada por **segunda contraente** e

– Trabalhador[5], estado civil, profissão, residente na Rua ..., titular do cartão de cidadão nº ..., válido até ..., contribuinte fiscal nº ..., adiante designado por **terceiro contraente**,

considerando que as **primeira** e **segunda contraentes** pertencem ao mesmo grupo, com estruturas organizativas comuns, é celebrado, de boa fé, o presente contrato de trabalho com pluralidade de empregadores, com as seguintes cláusulas:

CLÁUSULA 1ª

(Admissão)

As **primeira** e **segunda contraentes** admitem ao seu serviço o **terceiro contraente** a partir do dia ... .

CLÁUSULA 2ª

(Funções)

1. O **terceiro contraente** obriga-se a exercer, sob a autoridade e direcção das **primeira** e **segunda contraentes**, as funções de ... (categoria profis-

[1] O contrato de trabalho com pluralidade de empregadores é regulado pelo art. 101º do CT.

[2] Denominação da pessoa colectiva ou nome completo da pessoa singular.

[3] NIPC se for pessoa colectiva ou NIF se for pessoa singular.

[4] A pessoa colectiva é representada por um ou mais gerentes, administradores ou procuradores, conforme o respectivo contrato de sociedade.

[5] Nome completo.

sional, se estiver prevista em regulamentação colectiva do trabalho, ou descrição das tarefas).

2. Na actividade mencionada em 1. são incluídas as tarefas afins ou funcionalmente ligadas para as quais tenha qualificação adequada e que não impliquem desvalorização profissional.

CLÁUSULA 3ª
(Local de trabalho)

1. A actividade do **terceiro contraente** será exercida em qualquer estabelecimento das **primeira** e **segunda contraentes**, sem prejuízo das deslocações inerentes ao seu exercício.
2. As **primeira** e **segunda contraentes** podem transferir o **terceiro contraente** para outro local de trabalho, em caso de mudança dos estabelecimentos ou por outro motivo da empresa, se a transferência não lhe causar prejuízo sério.

CLÁUSULA 4ª
(Horário de trabalho)

O **terceiro contraente** obriga-se a prestar o serviço durante o seguinte horário de trabalho ... (por ex., de segunda a sexta-feira, das 9 às 13 e das 14 às 18 horas).

CLÁUSULA 5ª
(Retribuição)

1. As **primeira** e **segunda contraentes** pagarão ao **terceiro contraente** a retribuição ilíquida mensal de € ..., sujeita aos descontos legais, acrescida de um subsídio de refeição de € ... por cada dia útil de trabalho prestado.
2. O pagamento será efectuado por transferência bancária para o NIB ..., por forma a que o montante da retribuição fique à disposição do **terceiro contraente** até ao último dia útil de cada mês.

CLÁUSULA 6ª
(Período experimental)

1. O período experimental é de 90 dias, nos termos da alínea a) do nº 1 do art. 112º do Código do Trabalho.[1]

2. Qualquer das partes pode denunciar o contrato durante o período experimental sem aviso prévio, nem direito a indemnização.

3. As **primeira** e **segunda contraentes** têm de avisar o **terceiro contraente** com a antecedência de sete dias se o período experimental tiver durado mais de 60 dias.

CLÁUSULA 7ª
(Férias)

1. As férias do **terceiro contraente** têm a duração de 22 dias.

2. No ano de admissão, o **terceiro contraente** tem direito a dois dias úteis de férias por cada mês de duração do contrato, até 20 dias, que poderão ser gozados após seis meses de duração do contrato.

CLÁUSULA 8ª
(Denúncia)

O **terceiro contraente** pode denunciar o contrato, mediante comunicação escrita com a antecedência de 30 ou 60 dias, conforme tenha, respectivamente, até dois ou mais de dois anos de antiguidade, sem prejuízo do nº 2 da Cláusula 6ª.

[1] Salvo acordo escrito das partes ou regulamentação colectiva de trabalho em contrário, nos contratos de trabalho sem termo o período experimental pode ter a duração de 180 dias para trabalhadores que exerçam cargos de complexidade técnica, elevado grau de responsabilidade ou que pressuponham especial qualificação, que desempenhem funções de confiança, bem como para trabalhadores à procura de primeiro emprego e desempregados de longa duração, segundo o art. 112º, nº 1, alínea b) do CT, alterado pela Lei nº 93/2019, de 4 de Setembro.

CLÁUSULA 9ª
(Confidencialidade)

O **terceiro contraente** obriga-se a guardar sigilo relativamente a quaisquer informações respeitantes às **primeira** e **segunda contraentes**, sendo-lhe, nomeadamente, vedado efectuar quaisquer reproduções, cópias ou distribuição de documentos que lhes pertençam.

CLÁUSULA 10ª
(Seguro de acidentes de trabalho)

A responsabilidade pela reparação de acidentes de trabalho do **terceiro contraente** é transferida para a Companhia de Seguros ..., através da Apólice nº ....[1]

CLÁUSULA 11ª
(Representação)

A **segunda contraente** é representada pela **primeira contraente** no exercício dos seus direitos e no cumprimento das respectivas obrigações perante o **terceiro contraente**, sem prejuízo da responsabilidade solidária de ambas.

CLÁUSULA 12ª
(Regulamentação colectiva de trabalho aplicável)

Ao presente contrato é aplicável o Contrato Colectivo de Trabalho celebrado entre a Associação de Empresas de ... e o Sindicato dos Trabalhadores de ... e outros, publicado no BTE, 1ª Série, nº ... de ... .[2]

[1] Fica, assim, cumprido o dever de informação previsto na alínea j) do nº 3 do art. 106º do CT.

[2] É necessário verificar qual o instrumento de regulamentação colectiva de trabalho aplicável, se houver, designadamente, Acordo Colectivo de Trabalho ou Contrato Colectivo de Trabalho, para cumprir o dever de informação previsto na alínea l) do nº 3 do art. 106º do CT.

CLÁUSULA 13ª
(Lacunas e dúvidas)

As lacunas e dúvidas eventualmente emergentes do presente contrato serão integradas e resolvidas de harmonia com o Código do Trabalho, nomeadamente, o art. 101º.

Feito em triplicado, ficando cada um dos contraentes na posse de um exemplar.

Local e data

Pela primeira contraente, O segundo contraente,

7. CONTRATO DE TRABALHO EM COMISSÃO DE SERVIÇO[1]

Entre:

– Empregador[2], pessoa colectiva nº ...,[3] com sede na Rua ..., representada por ...,[4] adiante designada por **primeira contraente** e

– Trabalhador[5], estado civil, profissão, residente na Rua ..., titular do cartão de cidadão nº ..., válido até ..., contribuinte fiscal nº..., adiante designado por **segundo contraente**, é celebrado, de boa fé, o presente contrato de trabalho em comissão de serviço, com as seguintes cláusulas:

CLÁUSULA 1ª

(Admissão)

A **primeira contraente** admite ao seu serviço o **segundo contraente** em regime de comissão de serviço, com início no dia ... .

CLÁUSULA 2ª

(Funções)

1. O **segundo contraente** obriga-se a exercer, sob a autoridade e direcção da **primeira contraente**, as funções de ... (categoria profissional, se estiver prevista em regulamentação colectiva do trabalho, ou descrição das tarefas).
2. Na actividade mencionada em 1. são incluídas as tarefas afins ou funcionalmente ligadas para as quais tenha qualificação adequada e que não impliquem desvalorização profissional.

[1] O contrato de trabalho em regime de comissão de serviço é regulado pelos arts. 161º a 164º do CT.

[2] Denominação da pessoa colectiva ou nome completo da pessoa singular.

[3] NIPC se for pessoa colectiva ou NIF se for pessoa singular.

[4] A pessoa colectiva é representada por um ou mais gerentes, administradores ou procuradores, conforme o respectivo contrato de sociedade.

[5] Nome completo.

CLÁUSULA 3ª
(Local de trabalho)

1. A actividade do **segundo contraente** será exercida em ... (local da sede ou do estabelecimento), sem prejuízo das deslocações inerentes ao seu exercício.
2. A **primeira contraente** pode transferir o **segundo contraente** para outro local, em caso de mudança de estabelecimento ou por outro motivo da empresa, se a transferência não lhe causar prejuízo sério.

CLÁUSULA 4ª
(Isenção do horário de trabalho)

1. O **segundo contraente** está isento de horário de trabalho.
2. A **primeira contraente** pagará, mensalmente, ao **segundo contraente** a retribuição específica de € ... pela isenção do horário de trabalho.

CLÁUSULA 5ª
(Retribuição)

1. A **primeira contraente** pagará ao **segundo contraente** a retribuição ilíquida mensal de € ..., sujeita aos descontos legais, acrescida de um subsídio de refeição de € ... por cada dia útil de trabalho prestado.
2. O pagamento será efectuado por transferência bancária para o NIB ..., por forma a que o montante da retribuição fique à disposição do **segundo contraente** até ao último dia útil de cada mês.

CLÁUSULA 6ª
(Cessação)[1]

Qualquer das partes pode, a todo o tempo, fazer cessar o presente contrato de trabalho em regime de comissão de serviço, mediante aviso prévio de 30 ou 60 dias, consoante a prestação de trabalho tenha tido, respectivamente, duração igual ou inferior a dois anos ou duração superior a esse limite.

[1] Esta matéria está prevista no nº 3 do art. 112º do CT.

CLÁUSULA 7ª
(Indemnização)

O **segundo contraente** tem direito à indemnização de 12 dias de retribuição base e diuturnidades por cada ano completo de antiguidade, quando a comissão de serviço cessar por iniciativa da **primeira contraente** e por motivo não imputável àquele.[1]

CLÁUSULA 8ª
(Confidencialidade)

O **segundo contraente** obriga-se a guardar sigilo relativamente a quaisquer informações respeitantes à **primeira contraente**, sendo-lhe, nomeadamente, vedado efectuar quaisquer reproduções, cópias ou distribuição de documentos que lhe pertençam.

CLÁUSULA 9ª
(Regime supletivo)

No omisso, aplicar-se-á o Código do Trabalho, nomeadamente, o regime do contrato de trabalho em comissão de serviço previsto nos arts. 161º a 164º.

Feito em duplicado, ficando cada um dos contraentes na posse de um exemplar.

Local e data

Pela primeira contraente, O segundo contraente,

[1] O direito à indemnização está previsto na al. c) do nº 1 do art. 164º, com referência ao art. 366º, ambos do CT (12 dias de retribuição base e diuturnidades por cada ano completo de antiguidade, calculada proporcionalmente em caso de fracção, a qual não poderá ser superior a 12 vezes a retribuição base mensal e diuturnidades, com o limite máximo de 240 vezes o valor da retribuição mínima mensal garantida).

8. CONTRATO DE TELETRABALHO [1]

Entre:

– Empregador,[2] pessoa colectiva nº ...,[3] com sede na Rua ..., representada por ...,[4] adiante designada por **primeira contraente** e

– Trabalhador,[5] estado civil, profissão, residente na Rua ..., titular do cartão de cidadão nº ..., válido até ..., contribuinte fiscal nº ..., adiante designado por **segundo contraente**, é celebrado, de boa fé, o presente contrato de teletrabalho, com as seguintes cláusulas:

CLÁUSULA 1ª
(Admissão)

O **segundo contraente** é admitido para prestar serviço sob a autoridade e direcção da **primeira contraente**, no regime de teletrabalho, a partir do dia ... .

CLÁUSULA 2ª
(Funções)

1. O **segundo contraente** obriga-se a exercer, sob a autoridade e direcção da **primeira contraente**, as funções de ... (categoria profissional, se estiver prevista em regulamentação colectiva do trabalho, ou descrição das tarefas).

2. Na actividade mencionada em 1. são incluídas as tarefas afins ou funcionalmente ligadas para as quais tenha qualificação adequada e que não impliquem desvalorização profissional.

[1] O contrato de teletrabalho é regulado pelos arts. 165º a 171º do CT.

[2] Denominação da pessoa colectiva ou nome completo da pessoa singular.

[3] NIPC se for pessoa colectiva ou NIF se for pessoa singular.

[4] A pessoa colectiva é representada por um ou mais gerentes, administradores ou procuradores, conforme o respectivo contrato de sociedade.

[5] Nome completo.

CLÁUSULA 3ª
(Local de trabalho)

A actividade do **segundo contraente** será exercida no seu domicílio, sito na Rua ... .

CLÁUSULA 4ª
(Horário de trabalho)

O **segundo contraente** obriga-se a prestar o serviço durante o seguinte horário de trabalho ... (por ex., de segunda a sexta-feira, das 9 às 13 e das 14 às 18 horas).

CLÁUSULA 5ª
(Retribuição)

1. A **primeira contraente** pagará ao **segundo contraente** a retribuição ilíquida mensal de € ..., sujeita aos descontos legais.
2. O pagamento será efectuado por transferência bancária para o NIB ..., por forma a que o montante da retribuição fique à disposição do **segundo contraente** até ao último dia útil de cada mês.

CLÁUSULA 6ª
(Instrumentos de trabalho)

1. O computador, o telemóvel e o material necessário ao desempenho do teletrabalho, bem como as inerentes despesas de consumo e utilização, são da responsabilidade da **primeira contraente**.
2. O **segundo contraente** só pode usar os instrumentos de trabalho da **primeira contraente** para a sua prestação laboral.

CLÁUSULA 7ª
(Contactos entre os contraentes)

O **segundo contraente** fica integrado no Departamento ... da **primeira contraente**, devendo contactar o seu Director F ... no âmbito da sua prestação laboral, sem prejuízo de outros contactos com os demais trabalhadores.

CLÁUSULA 8ª
(Duração)

O presente contrato é celebrado pelo prazo de três anos.[1]

CLÁUSULA 9ª
(Denúncia)

Qualquer dos contraentes pode denunciar o presente contrato durante os primeiros trinta dias da sua execução.

CLÁUSULA 10ª
(Igualdade de tratamento)

O **segundo contraente** tem os mesmos direitos e deveres dos demais trabalhadores da **primeira contraente**.

CLÁUSULA 11ª
(Formação profissional)

A **primeira contraente** deve proporcionar ao **segundo contraente** formação sobre tecnologias de informação e comunicação adequada ao exercício da sua actividade.

CLÁUSULA 12ª
(Privacidade)

1. A **primeira contraente** deve respeitar a privacidade, os tempos de descanso e de repouso da família do **segundo contraente**.
2. As visitas ao local de trabalho dos representantes da **primeira contraente**, podem ser efectuadas apenas, entre as 9 e as 18 horas, para controlar a actividade laboral do **segundo contraente** e com a assistência deste ou de pessoa por si designada.

[1] Na falta de regulamentação colectiva do contrato de teletrabalho, a duração inicial do contrato não pode exceder três anos se o trabalhador estiver anteriormente vinculado ao empregador (art. 167º, nº 1, do CT).

CLÁUSULA 13ª
(Férias)

1. As férias do **segundo contraente** têm a duração de 22 dias úteis.
2. No ano de admissão, o **segundo contraente** tem direito a dois dias úteis de férias por cada mês de duração do contrato, até 20 dias, que poderão ser gozados após seis meses de duração do contrato.

CLÁUSULA 14ª
(Confidencialidade)

O **segundo contraente** obriga-se a guardar sigilo relativamente a quaisquer informações respeitantes à **primeira contraente**, sendo-lhe, nomeadamente, vedado efectuar quaisquer reproduções, cópias ou distribuição de documentos que lhe pertençam.

CLÁUSULA 15ª
(Seguro de acidentes de trabalho)

A responsabilidade pela reparação de acidentes de trabalho do **segundo contraente** é transferida para a Companhia de Seguros ..., através da Apólice nº ....[1]

CLÁUSULA 16ª
(Regulamentação colectiva de trabalho aplicável)

Ao presente contrato é aplicável o Contrato Colectivo de Trabalho celebrado entre a Associação de Empresas de ... e o Sindicato dos Trabalhadores de ... e outros, publicado no BTE, 1ª Série, nº ... de ...[2]

[1] Fica, assim, cumprido o dever de informação previsto na alínea j) do nº 3 do art. 106º do CT.
[2] É necessário verificar qual o instrumento de regulamentação colectiva de trabalho aplicável, se houver, designadamente, Acordo Colectivo de Trabalho ou Contrato Colectivo de Trabalho, para cumprir o dever de informação prevista na alínea l) do nº 3 do art. 106º do CT.

CLÁUSULA 17ª
(Lacunas e dúvidas)

As lacunas e dúvidas eventualmente emergentes do presente contrato serão integradas e resolvidas de harmonia com o Código do Trabalho, nomeadamente, os arts. 165º a 171º.

Feito em duplicado, ficando cada um dos contraentes na posse de um exemplar.

Local e data

Pela primeira contraente, O segundo contraente,

9. CONTRATO DE TRABALHO TEMPORÁRIO[1]

Entre:

– Empregador[2], pessoa colectiva nº ...,[3] com sede na Rua ..., empresa de contrato temporário titular do Alvará nº ..., de ..., representada por ...,[4] adiante designada por **primeira contraente** e

– Trabalhador,[5] estado civil, profissão, residente na Rua ..., titular do cartão de cidadão nº ..., válido até ..., contribuinte fiscal nº ..., adiante designado por **segundo contraente**, é celebrado, de boa fé, o presente contrato de trabalho temporário, com as seguintes cláusulas:

CLÁUSULA 1ª

(Admissão)

A **primeira contraente** admite ao seu serviço o **segundo contraente**, no dia **...,** para prestar serviço à **empresa utilizadora**[6] ..., pessoa colectiva nº ...,[3] com sede na Rua ..., contribuinte da Segurança Social nº ... .

CLÁUSULA 2ª

(Funções)

1. O **segundo contraente** obriga-se a exercer, sob a direcção da **empresa utilizadora**, identificada na Cláusula 1ª, as funções de ... (categoria profissional, se estiver prevista em regulamentação colectiva do trabalho, ou descrição das tarefas).

[1] O contrato de trabalho temporário é regulado pelos arts. 180º a 182º e 185º a 192º do CT.

[2] Denominação da pessoa colectiva ou nome completo da pessoa singular.

[3] NIPC se for pessoa colectiva ou NIF se for pessoa singular.

[4] A pessoa colectiva é representada por um ou mais gerentes, administradores ou procuradores, conforme o respectivo contrato de sociedade.

[5] Nome completo.

[6] Empresa com quem a primeira contraente celebrou um contrato de utilização de trabalho temporário, nos termos dos arts. 175º a 178º do CT.

2. Na actividade mencionada em 1. são incluídas as tarefas afins ou funcionalmente ligadas para as quais tenha qualificação adequada e que não impliquem desvalorização profissional.

CLÁUSULA 3ª
(Local de trabalho)

A actividade do **segundo contraente** será exercida em ... (local da sede ou do estabelecimento da **empresa utilizadora**), sem prejuízo das deslocações inerentes ao seu exercício.

CLÁUSULA 4ª
(Horário de trabalho)

O **segundo contraente** obriga-se a prestar o serviço durante o seguinte horário de trabalho ... (por ex., de segunda a sexta-feira, das 9 às 13 e das 14 às 18 horas).

CLÁUSULA 5ª
(Retribuição)

1. A **primeira contraente** pagará ao **segundo contraente** a retribuição ilíquida mensal de € ..., sujeita aos descontos legais, acrescida de um subsídio de refeição de € ...por cada dia útil de trabalho prestado.
2. O pagamento será efectuado por transferência bancária para o NIB ..., por forma a que o montante da retribuição fique à disposição do **segundo contraente** até ao último dia útil de cada mês.

CLÁUSULA 6ª
(Duração)

1. O presente contrato cessa no dia ... .[1]

[1] A duração do contrato de trabalho temporário é regulada pelo art. 182º do CT, alterado pela Lei nº 93/2019, de 4 de Setembro.

2. O presente contrato durará enquanto se mantiver o motivo justificativo, podendo ser renovado até 6 vezes.[1]

CLÁUSULA 7ª
(Período experimental)

1. O período experimental é de 30 dias.

CLÁUSULA 8ª
(Férias)

1. As férias do **segundo contraente** têm a duração de 22 dias úteis.
2. No ano de admissão, o **segundo contraente** tem direito a dois dias úteis de férias por cada mês de duração do contrato, até 20 dias, que poderão ser gozados após seis meses de duração do contrato.

CLÁUSULA 9ª
(Caducidade)

O presente contrato caducará se o primeiro ou o segundo contraente comunicar por escrito, a sua não renovação, até quinze ou oito dias antes de o prazo expirar, respectivamente.

CLÁUSULA 10ª
(Confidencialidade)

O **segundo contraente** obriga-se a guardar sigilo relativamente a quaisquer informações respeitantes à **primeira contraente** ou à **empresa utilizadora**, sendo-lhe, nomeadamente, vedado efectuar quaisquer reproduções, cópias ou distribuição de documentos que lhe pertençam.

[1] Não está sujeito ao limite das 6 renovações o contrato para substituição de trabalhador ausente nos casos de doença, acidente, licenças parentais e situações análogas (art. 182º, nº 3, do CT, alterado pela Lei nº 93/2019, de 4 de Setembro).

CLÁUSULA 11ª
(Justificação)

O presente contrato é justificado pelo acréscimo excepcional da actividade da **empresa utilizadora**, motivado por ... [1]

CLÁUSULA 12º
(Seguro de acidentes de trabalho)

A responsabilidade pela reparação de acidentes de trabalho do **segundo contraente** é transferida para a Companhia de Seguros ..., através da Apólice nº ....[2]

CLÁUSULA 13ª
(Regulamentação colectiva de trabalho aplicável)

Ao presente contrato é aplicável o Contrato Colectivo de Trabalho celebrado entre a Associação de Empresas de ... e o Sindicato dos Trabalhadores ... e outros, publicado no BTE, 1ª Série, nº ... de ...[3]

CLÁUSULA 14ª
(Lacunas e dúvidas)

As lacunas e dúvidas eventualmente emergentes do presente contrato serão integradas e resolvidas de harmonia com o Código do Trabalho, nomeadamente os arts. 180º a 182º e 185º a 192º.

[1] O motivo justificativo deve ser concretizado com menção expressa dos respectivos factos.

[2] Fica, assim, cumprido o dever de informação previsto na alínea j) do nº 3 do art. 106º do CT.

[3] É necessário verificar qual o instrumento de regulamentação colectiva de trabalho aplicável, se houver, designadamente, Acordo Colectivo de Trabalho ou Contrato Colectivo de Trabalho, para cumprir o dever de informação previsto na alínea l) do nº 3 do art. 106º do CT.

Feito em duplicado, ficando cada um dos contraentes na posse de um exemplar.

Local e data

Pela primeira contraente,　　　　O segundo contraente,

10. CONTRATO DE SERVIÇO DOMÉSTICO[1]

Entre:

– Empregador (nome), estado civil, titular do cartão de cidadão nº ..., válido até ..., contribuinte fiscal nº ..., residente na Rua ..., adiante designada por **primeira contraente** e

– Trabalhadora (nome), estado civil, titular do cartão de cidadão nº ..., válido até..., contribuinte fiscal nº ..., residente na Rua ..., adiante designada por **segunda contraente**, é celebrado, de boa fé, o presente contrato de serviço doméstico, com as seguintes cláusulas:

CLÁUSULA 1ª

(Admissão)

A **segunda contraente** é admitida para prestar serviço doméstico ao **primeiro contraente** e ao seu agregado familiar, a partir de ... .

CLÁUSULA 2ª

(Funções)

A **segunda contraente** obriga-se a prestar, sob a autoridade e direcção do **primeiro contraente**, os serviços destinados a satisfazer as necessidades dos membros do seu agregado familiar, nomeadamente, a confecção de refeições, o tratamento de roupas, a limpeza e arrumação da casa, o apoio a crianças e idosos e as tarefas externas inerentes ao exercício destas actividades.

CLÁUSULA 3ª

(Retribuição)

1. O **primeiro contraente** pagará à **segunda contraente** a retribuição mensal de € ..., sujeita aos descontos legais;

[1] O contrato de serviço doméstico é regulado pelo Decreto-Lei nº 235/92, de 24 de Outubro, excepto o subsídio de Natal previsto no art. 263º do CT.

2. As despesas com o almoço da **segunda contraente** são suportadas pelo **primeiro contraente**, até ao limite de € ... .
3. O pagamento da retribuição mensal será efectuado por forma a que o respectivo montante fique à disposição da **segunda contraente** até ao último dia útil de cada mês.

CLÁUSULA 4ª
(Local de trabalho)

O local de prestação do trabalho é a residência do **primeiro contraente** acima indicada.

CLÁUSULA 5ª
(Horário de trabalho)

A **segunda contraente** fica sujeita ao seguinte horário de trabalho: das 9 às 13 e das 14 às 18 horas, de 2ª a 6ª feira.

CLÁUSULA 6ª
(Período experimental)

1. O período experimental é de 90 dias, nos termos do art. 112º, nº 1, al. a) do Código do Trabalho.
2. Qualquer **contraente** pode denunciar o contrato durante o período experimental, sem aviso prévio nem direito a indemnização.
3. A **primeira contraente** tem de avisar a **segunda contraente** com a antecedência de sete dias, se o período experimental tiver durado mais de 60 dias, ou de 15 dias, se aquele tiver durado mais de 120 dias.

CLÁUSULA 7ª
(Férias)

1. As férias da **segunda contraente** têm a duração de 22 dias úteis.
2. No ano de admissão, a **segunda contraente** tem direito a dois dias úteis de férias por cada mês de duração do contrato, até 20 dias, que poderão ser gozados após seis meses de duração do contrato.

CLÁUSULA 8ª

(Denúncia)

A **segunda contraente** pode denunciar o contrato, mediante comunicação escrita com a antecedência de 30 ou 60 dias, conforme tenha durado, até dois ou mais de dois anos de antiguidade, respectivamente.

CLÁUSULA 9ª

(Confidencialidade)

A **segunda contraente** obriga-se a manter sigilo relativamente a quaisquer informações sobre a vida privada do **primeiro contraente** e a dos membros do seu agregado familiar.

CLÁUSULA 10ª

(Seguro de acidentes de trabalho)

A responsabilidade pela reparação de acidentes de trabalho da **segunda contraente** é transferida para a Companhia de Seguros ..., através da Apólice nº ... .

CLÁUSULA 11ª

(Casos omissos)

No omisso, são aplicáveis o Decreto-Lei nº 235/92, de 24 de Outubro e, subsidiariamente, o Código do Trabalho.

Feito em duplicado, ficando cada um dos contraentes na posse de um exemplar.

Local e data

O primeiro contraente, A segunda contraente,

II. Alterações ao Contrato de Trabalho

1. ACORDO DE MOBILIDADE FUNCIONAL[1]

Entre:

– Empregador,[2] pessoa colectiva nº ...,[3] com sede na Rua ... , representada por ...,[4] adiante designada por **primeira contraente** e

– Trabalhador,[5] estado civil, técnico administrativo, residente na Rua ..., titular do cartão de cidadão nº ..., válido até ..., contribuinte fiscal nº ..., adiante designado por **segundo contraente**, é acordada, de boa fé, a alteração temporária das funções do **segundo contraente**, descritas no contrato de trabalho celebrado no dia ..., com as seguintes cláusulas:

CLÁUSULA 1ª

(Alteração de funções)

O **segundo contraente** obriga-se a exercer as funções de técnico de secretariado, em substituição da actividade inerente à sua categoria de técnico administrativo.

CLÁUSULA 2ª

(Duração)

A alteração das funções do **segundo contraente** manter-se-á durante três meses.[6]

[1] A mobilidade funcional é regulada pelo ar. 120º do CT.

[2] Denominação da pessoa colectiva ou nome completo da pessoa singular.

[3] NIPC se for pessoa colectiva ou NIF se for pessoa singular.

[4] A pessoa colectiva é representada por um ou mais gerentes, administradores ou procuradores, conforme o respectivo contrato de sociedade.

[5] Nome completo.

[6] A alteração de funções deve ser justificada e não poderá exceder o prazo de dois anos (nº 3 do art. 120º do CT).

CLÁUSULA 3ª
(Justificação)

A alteração é justificada pela necessidade de substituir a técnica de secretariado F... , durante a licença sem retribuição que lhe foi concedida para formação profissional.

CLÁUSULA 4ª
(Retribuição e categoria)

A **primeira contraente** obriga-se a manter a retribuição e a categoria profissional do **segundo contraente**.

Feito em duplicado, ficando cada um dos contraentes na posse de um exemplar.

Local e data

Pela primeira contraente, O segundo contraente,

2. RENOVAÇÃO DO CONTRATO DE TRABALHO A TERMO CERTO

Entre:

– Empregador,[1] pessoa colectiva nº ...,[2] com sede na Rua ..., representada por ...,[3] adiante designada por **primeira contraente** e

– Trabalhador,[4] estado civil, profissão, residente na Rua ..., titular do cartão de cidadão nº ..., válido até ..., contribuinte fiscal nº ..., adiante designado por **segundo contraente**, é acordada, de boa fé, a renovação do contrato de trabalho a termo certo, celebrado no dia ..., com as seguintes cláusulas:

CLÁUSULA 1ª
(Renovação)

O presente contrato de trabalho a termo certo, iniciado em ..., é prorrogado até ... .

CLÁUSULA 2ª
(Motivação)

A prorrogação do presente contrato é justificada por se manter o acréscimo excepcional da actividade da primeira contraente ... . [5-6]

[1] Denominação da pessoa colectiva ou nome completo da pessoa singular.

[2] NIPC se for pessoa colectiva ou NIF se for pessoa singular.

[3] A pessoa colectiva é representada por um ou mais gerentes, administradores ou procuradores, conforme o respectivo contrato de sociedade.

[4] Nome completo.

[5] O motivo justificativo deve ser concretizado com menção expressa dos respectivos factos.

[6] O contrato de trabalho a termo certo pode ser renovado até três vezes e a duração total das renovações não pode exceder a do período inicial daquele (art. 149º, nº 4, do CT, alterado pela Lei nº 93/2019, de 4 de Setembro).

Feito em duplicado, ficando cada um dos contraentes na posse de um exemplar.

Local e data

Pela primeira contraente, O segundo contraente,,

3. ACORDO DE TRABALHO A TEMPO PARCIAL[1]

Entre:

– Empregador,[2] pessoa colectiva nº ...,[3] com sede na Rua ..., representada por ...,[4] adiante designada por **primeira contraente** e

– Trabalhador,[5] estado civil, profissão, residente na Rua ..., titular do cartão de cidadão nº ..., válido até ..., contribuinte fiscal nº ..., adiante designado por **segundo contraente**, é acordada, de boa fé, a alteração do contrato de trabalho celebrado no dia ... para tempo parcial[6], com as seguintes cláusulas:

CLÁUSULA 1ª

(Horário de trabalho)

O **segundo contraente** obriga-se a prestar trabalho à **primeira contraente** de segunda a sexta-feira, das 9 às 13, no total de 20 horas por semana, correspondente a 50% do tempo completo.

CLÁUSULA 2ª

(Retribuição)

A **primeira contraente** pagará ao **segundo contraente** a retribuição ilíquida mensal de € ..., sujeita aos descontos legais[7], acrescida de um subsídio de refeição de € ... por cada dia útil de trabalho prestado.[8]

[1] O trabalho a tempo parcial é regulado pelos arts. 150º a 156º do CT.

[2] Denominação da pessoa colectiva ou nome completo da pessoa singular.

[3] NIPC se for pessoa colectiva ou NIF se for pessoa singular.

[4] A pessoa colectiva é representada por um ou mais gerentes, administradores ou procuradores, conforme o respectivo contrato de sociedade.

[5] Nome completo.

[6] A passagem do tempo completo do trabalhador para tempo parcial só é válida mediante acordo escrito.

[7] A retribuição deve ser idêntica à auferida pelo trabalhador a tempo completo, se for mais favorável, na proporção estipulada na Cláusula 1ª (al. a) do nº 3 do art. 154º do CT).

[8] Quando o período normal de trabalho diário for inferior a 5 horas, o subsídio de refeição é calculado na proporção do respectivo período normal de trabalho semanal (al. b) do nº 3 do

Feito em duplicado, ficando cada um dos contraentes na posse de um exemplar.

Local e data

Pela primeira contraente, O segundo contraente,

art. 154º do CT).

4. ACORDO DE TRABALHO INTERMITENTE[1]

Entre:

– Empregador,[2] pessoa colectiva nº ...,[3] com sede na Rua ..., representada por ...,[4] adiante designada por **primeira contraente** e

– Trabalhador,[5] estado civil, profissão, residente na Rua ..., titular do cartão de cidadão nº ..., válido até ..., contribuinte fiscal nº ..., adiante designado por **segundo contraente**, é acordada, de boa fé, a alteração do contrato de trabalho celebrado no dia ... para trabalho intermitente, com as seguintes cláusulas:

CLÁUSULA 1ª

(Período de trabalho)

1. O **segundo contraente** obriga-se a prestar trabalho à **primeira contraente**, de modo interpolado, durante 175 dias de trabalho, por ano, a partir do dia ... .[6]
2. A prestação laboral do **segundo contraente** será consecutiva durante, pelo menos, tres meses em cada ano.
3. Nos restantes meses, a sua actividade será interpolada em função dos espectáculos produzidos pela **primeira contraente**.
4. A **primeira contraente** comunicará ao **segundo contraente** o início e termo de cada período de trabalho, com a antecedência de 30 dias.

[1] O trabalho intermitente é regulado pelos arts. 157º a 160º do CT.

[2] Denominação da pessoa colectiva ou nome completo da pessoa singular.

[3] NIPC se for pessoa colectiva ou NIF se for pessoa singular.

[4] A pessoa colectiva é representada por um ou mais gerentes, administradores ou procuradores, conforme o respectivo contrato de sociedade.

[5] Nome completo.

[6] A prestação de trabalho intermitente não pode ser inferior a 5 meses de trabalho completo, dos quais pelo menos 3 devem ser consecutivos (nº 2 do art. 159º do CT, alterado pela Lei nº 93/2019, de 4 de Setembro).

CLÁUSULA 2ª
(Compensação retributiva)

1. Durante o período de inactividade, a **primeira contraente** pagará ao **segundo contraente** a quantia mensal de € ..., sujeita aos descontos legais.
2. O pagamento será efectuado por transferência bancária para o NIB ..., por forma a que o montante da retribuição fique à disposição do **segundo contraente** até ao último dia útil de cada mês.

CLÁUSULA 3ª
(Subsídios de férias e de Natal)

Os subsídios de férias e de Natal do **segundo contraente** são calculados com base na média das retribuições e compensações pagas pela **primeira contraente** nos últimos 12 meses ou durante a vigência do contrato, se esta for inferior.

CLÁUSULA 4ª
(Direitos e deveres)

1. Durante o período de inactividade, mantêm-se os direitos e deveres das partes que não pressuponham efectiva prestação do trabalho, podendo o segundo contraente exercer outra actividade.
2. Durante o período de inactividade, o trabalhador intermitente tem direito a uma compensação retributiva fixada pelo instrumento de regulamentação colectiva de trabalho aplicável ou, na sua falta, a 20% da retribuição base nos termos do nº 1 do art. 160º do CT).

Feito em duplicado, ficando cada um dos contraentes na posse de um exemplar.

Local e data

Pela primeira contraente, O segundo contraente,

5. ACORDO DE TRANSFERÊNCIA DO LOCAL DE TRABALHO[1]

Entre:

– Empregador[2], pessoa colectiva nº ...,[3] com sede na Rua ..., representada por ...,[4] adiante designada por **primeira contraente** e

– Trabalhador[5], estado civil, profissão, titular do cartão de cidadão nº ..., válido até ..., contribuinte fiscal nº ..., residente na Rua ..., adiante designado por **segundo contraente**, é acordada, de boa fé, a transferência do local de trabalho do **segundo contraente**, com as seguintes cláusulas:

CLÁUSULA 1ª
(Local de trabalho)

A actividade do **segundo contraente** será exercida no estabelecimento da primeira contraente sito em ..., a partir do dia ... .

CLÁUSULA 2ª
(Justificação)

A transferência definitiva do local de trabalho é motivada pelo encerramento do estabelecimento onde o segundo contraente presta a sua actividade.[6]

[1] A transferência do local de trabalho é regulada pelos arts. 194º a 196º do CT.
[2] Denominação da pessoa colectiva ou nome completo da pessoa singular.
[3] NIPC se for pessoa colectiva ou NIF se for pessoa singular.
[4] A pessoa colectiva é representada por um ou mais gerentes, administradores ou procuradores, conforme o respectivo contrato de sociedade.
[5] Nome completo.
[6] O empregador deve comunicar ao trabalhador, fundamentadamente, a sua transferência com 8 ou 30 dias de antecedência, conforme for temporária ou definitiva, respectivamente (art. 196º do CT).

CLÁUSULA 3ª
(Despesas de deslocação)

A **primeira contraente** custeará o acréscimo de despesas de deslocação decorrentes da transferência do local de trabalho do **segundo contraente**.

Feito em duplicado, ficando cada um dos contraentes em poder de um exemplar.

Local e data

Pela primeira contraente, O segundo contraente,

6. ACORDO DE ISENÇÃO DE HORÁRIO DE TRABALHO[1]

Entre:

– Empregador,[2] pessoa colectiva nº ...,[3] com sede na Rua ..., representada por ...,[4] adiante designada por **primeira contraente** e

– Trabalhador,[5] estado civil, profissão, residente na Rua ..., titular do cartão de cidadão nº ..., válido até ..., contribuinte fiscal nº ..., adiante designado por **segundo contraente**, é acordada, de boa fé, a isenção de horário de trabalho, com as seguintes cláusulas:

CLÁUSULA 1ª

(Funções)

O **segundo contraente** vem exercendo o cargo de Director do Departamento ... desde o dia ....

CLÁUSULA 2ª

(Modalidade)

O **segundo contraente** não ficará sujeito aos limites máximos do período normal de trabalho[6] enquanto se mantiver no exercício das funções de direcção.[7]

[1] A isenção de horário de trabalho é regulada pelos arts. 218º, 219º e 265º do CT.

[2] Denominação da pessoa colectiva ou nome completo da pessoa singular.

[3] NIPC se for pessoa colectiva ou NIF se for pessoa singular.

[4] A pessoa colectiva é representada por um ou mais gerentes, administradores ou procuradores, conforme o respectivo contrato de sociedade.

[5] Nome completo.

[6] O período normal de trabalho não pode exceder oito horas por dia e quarenta horas por semana" (nº 1 do art. 203º do CT), sem prejuízo da adaptabilidade (arts. 204º a 207º), do banco de horas (art. 208º), do horário concentrado (art. 209º) e das excepções previstas nos arts. 210º e 211º do CT.

[7] É a modalidade de isenção de horário de trabalho prevista na al. a) do nº 1 do art. 219º do CT.

CLÁUSULA 3ª
(Descanso, feriados e férias)

A presente isenção de horário de trabalho não poderá prejudicar o direito do **segundo contraente** ao descanso diário e semanal nem aos feriados e férias.

CLÁUSULA 4ª
(Retribuição específica)

A **primeira contraente** pagará ao **segundo contraente** a retribuição específica de € ... pela presente isenção de horário de trabalho.

Feito em duplicado, ficando cada um dos contraentes na posse de um exemplar.

Local e data

Pela primeira contraente,   O segundo contraente,

7. ACORDO DE CEDÊNCIA OCASIONAL DE TRABALHADOR [1]

Entre:

– Empregador,[2] pessoa colectiva nº ...,[3] com sede na Rua ..., representada por ...,[4] adiante designada por **primeira contraente;**

– Empregador, [2] pessoa colectiva nº ...,[3] com sede na Rua ..., representada por ...,[4] adiante designada por **segunda contraente** e

– Trabalhador,[5] estado civil, profissão, titular do cartão de cidadão nº ..., válido até ..., contribuinte fiscal nº ..., residente na Rua ..., adiante designado por **terceiro contraente**, considerando que:

a) as **primeira** e **segunda contraentes** pertencem ao mesmo grupo, com estruturas organizativas comuns e

b) o **terceiro contraente** se encontra vinculado à **primeira contraente** por um contrato de trabalho sem termo,

é celebrado, de boa fé, o presente acordo de cedência ocasional de trabalhador, com as seguintes cláusulas:

CLÁUSULA 1ª
(Cedência)

1. A **primeira contraente** cede à **segunda contraente** o trabalhador ora designado por **terceiro contraente**, para exercer as funções de ... (categoria profissional, se estiver prevista em regulamentação colectiva do trabalho ou descrição das tarefas).

2. Na actividade mencionada em 1. são incluídas as funções afins ou funcionalmente ligadas para as quais tenha qualificação adequada e que não impliquem desvalorização profissional.

[1] A cedência ocasional de trabalhador é regulada pelos arts. 288º a 293º do CT

[2] Denominação da pessoa colectiva ou nome completo da pessoa singular.

[3] NIPC se for pessoa colectiva ou NIF se for pessoa singular.

[4] A pessoa colectiva é representada por um ou mais gerentes, administradores ou procuradores, conforme o respectivo contrato de sociedade.

[5] Nome completo.

CLÁUSULA 2ª
(Duração)

O presente acordo inicia-se no dia ..., tendo a duração de um ano, renovável por iguais períodos até ao máximo de cinco anos.

CLÁUSULA 3ª
(Horário de trabalho)

O **segundo contraente** obriga-se a prestar o serviço durante o seguinte horário de trabalho ... (por ex., de segunda a sexta-feira, das 9 às 13 e das 14 às 18 horas).

CLÁUSULA 4ª
(Retribuição)

1. Durante a vigência do presente acordo, o **terceiro contraente** auferirá a retribuição ilíquida mensal de € ..., sujeita aos descontos legais, acrescida de um subsídio de refeição de € ... por cada dia útil de trabalho prestado.
2. A responsabilidade pelo pagamento da retribuição ao trabalhador cedido pertencerá à **segunda contraente**.

CLÁUSULA 5ª
(Prestação de trabalho)

Durante a execução do presente acordo, o **terceiro contraente** fica sujeito ao regime de trabalho aplicável à **segunda contraente** no que respeita ao modo, lugar, duração do trabalho, suspensão do contrato de trabalho, segurança e saúde no trabalho e acesso a equipamentos sociais.

CLÁUSULA 6ª
(Poder disciplinar)

Na vigência do presente contrato, o exercício do poder disciplinar cabe, exclusivamente, à **primeira contraente**.

CLÁUSULA 7ª
(Cessação do contrato)

1. O presente acordo cessa por denúncia do **terceiro contraente** com aviso prévio de 30 dias ou por mútuo acordo entre a **primeira** e a **segunda contraentes.**
2. Em caso de cessação do presente acordo, o **terceiro contraente** regressa ao serviço da **primeira contraente**, com os direitos que tinha antes da cedência, sem prejuízo da sua contagem para efeitos de antiguidade.

CLÁUSULA 8ª
(Lacunas e dúvidas)

As lacunas e dúvidas eventualmente emergentes do presente contrato serão integradas e resolvidas de harmonia com o Código do Trabalho, nomeadamente, os arts. 288º a 293º.

Feito em triplicado, ficando cada um dos contraentes na posse de um exemplar.

Local e data

Pela primeira contraente,

Pela segunda contraente,

O terceiro contraente,

8. PACTO DE CONFIDENCIALIDADE[1]

Entre:

– Empregador,[2] pessoa colectiva nº ...,[3] com sede na Rua ..., representada por ...,[4] adiante designada por **primeira contraente** e

– Trabalhador,[5] estado civil, profissão, residente na Rua ..., titular do cartão de cidadão nº ..., válido até ..., contribuinte fiscal nº ..., adiante designado por **segundo contraente**, é aditado, de boa fé, o presente pacto de confidencialidade, ao contrato de trabalho celebrado no dia ..., com as seguintes cláusulas:

CLÁUSULA 1ª

A **primeira contraente** dedica-se à exploração de sistemas informáticos e ao desenvolvimento de programas e sistemas de informação, bem como à consultadoria nas áreas de gestão e organização.

CLÁUSULA 2ª

O **segundo contraente** obriga-se a manter sigilo sobre a actividade da **primeira contraente**, não divulgando informações relativas à nova organização, métodos de produção ou negócios.

CLÁUSULA 3ª

O **segundo contraente** compromete-se a não reproduzir, copiar, facultar a terceiros ou utilizar para fins alheios à sua actividade as bases de dados, respeitando os direitos de autor da **primeira contraente.**

[1] O clausulado do presente acordo pode ser incluído nos contratos de trabalho.

[2] Denominação da pessoa colectiva ou nome completo da pessoa singular.

[3] NIPC se for pessoa colectiva ou NIF se for pessoa singular.

[4] A pessoa colectiva é representada por um ou mais gerentes, administradores ou procuradores, conforme o respectivo contrato de sociedade.

[5] Nome completo.

Feito em duplicado, ficando cada um dos contraentes na posse de um exemplar.

Local e data

Pela primeira contraente, O segundo contraente,

9. PACTO DE NÃO CONCORRÊNCIA[1]

Entre:

– Empregador,[2] pessoa colectiva nº ...,[3] com sede na Rua ..., representada por ...,[4] adiante designada por **primeira contraente** e

– Trabalhador,[5] estado civil, profissão, residente na Rua ..., titular do cartão de cidadão nº ..., válido até ..., contribuinte fiscal nº ..., adiante designado por **segundo contraente**, é aditado, de boa fé, o presente pacto de não concorrência ao contrato de trabalho celebrado no dia ..., com as seguintes cláusulas:

CLÁUSULA 1ª

(Duração)

O **segundo contraente** obriga-se a não exercer qualquer actividade concorrente na área da investigação neurológica por conta própria ou alheia, que possa causar prejuízo à **primeira contraente**, nos dois anos subsequentes à cessação do contrato de trabalho.[6]

CLÁUSULA 2ª

(Compensação)

A **primeira contraente** obriga-se a pagar ao **segundo contraente**, durante o mesmo período, a compensação de € ... .[7]

[1] O pacto de não concorrência é regulado pelo art. 136º do CT, podendo ser incluído nos contratos de trabalho.

[2] Denominação da pessoa colectiva ou nome completo da pessoa singular.

[3] NIPC se for pessoa colectiva ou NIF se for pessoa singular.

[4] A pessoa colectiva é representada por um ou mais gerentes, administradores ou procuradores, conforme o respectivo contrato de sociedade.

[5] Nome completo.

[6] O período de dois anos poderá ser aumentado para três anos se estiver em causa uma relação especial de confiança ou o trabalhador tiver acesso a informação sensível no plano da concorrência (nº 5 do art. 136º do CT).

[7] A compensação é calculada nos termos do art. 136º, nºs 2, alínea c) e 4 do CT.

Feito em duplicado, ficando cada um dos contraentes na posse de um exemplar.

Local e data

Pela primeira contraente, O segundo contraente,

10. PACTO DE PERMANÊNCIA[1]

Entre:

– Empregador, [2] pessoa colectiva nº ...,[3] com sede na Rua ..., representada por ...,[4] adiante designada por **primeira contraente** e

– Trabalhador,[5] estado civil, profissão, residente na Rua ..., titular do cartão de cidadão nº ..., válido até ..., contribuinte fiscal nº ..., adiante designado por **segundo contraente**, é aditado, de boa fé, ao contrato de trabalho celebrado no dia ..., o presente pacto de permanência, com as seguintes cláusulas:

CLÁUSULA 1ª

(Duração)

O **segundo contraente** obriga-se a prestar à **primeira contraente** as funções de ..., pelo período de dois anos,[6] como compensação das despesas no montante de € ..., relativas à sua participação no Curso de Tecnologias de Informação, custeadas pela **primeira contraente**.

CLÁUSULA 2ª

(Desvinculação)

O **segundo contraente** poderá desobrigar-se do presente acordo mediante o pagamento à **primeira contraente** da quantia indicada na Cláusula 1ª.

[1] O pacto de permanência é regulado pelo art. 137º do CT, podendo ser incluído nos contratos de trabalho.

[2] Denominação da pessoa colectiva ou nome completo da pessoa singular.

[3] NIPC se for pessoa colectiva ou NIF se for pessoa singular.

[4] A pessoa colectiva é representada por um ou mais gerentes, administradores ou procuradores, conforme o respectivo contrato de sociedade.

[5] Nome completo.

[6] As partes não podem convencionar o pacto de permanência por prazo superior a três anos (nº1 do art. 137º do CT).

Feito em duplicado, ficando cada um dos contraentes na posse de um exemplar.

Local e data

Pela primeira contraente, O segundo contraente,

III. Cessação do Contrato de Trabalho

1. COMUNICAÇÃO PELO EMPREGADOR DA CADUCIDADE DO CONTRATO DE TRABALHO A TERMO CERTO

Denominação social e
morada do empregador

Nome e morada do trabalhador

Registada com Aviso de Recepção

Local e data

ASSUNTO: **Caducidade do contrato de trabalho a termo certo**

Vimos comunicar a não renovação do contrato de trabalho a termo certo celebrado no dia ..., o qual cessará no dia ... .[1]

Nessa data serão pagos os créditos emergentes do contrato de trabalho, incluindo a compensação[2], sem prejuízo da entrega da Declaração Mod. RP 5044 da Segurança Social[3] e do Certificado de Trabalho.

Com os melhores cumprimentos.

Assinatura do sócio-gerente do empregador

[1] A comunicação da caducidade deve ser efectuada até quinze dias antes do seu termo (nº 1 do art. 344º do CT). Se o contrato de trabalho tiver sido celebrado a termo incerto, a comunicação da sua cessação deve ser efectuada com a antecedência mínima de 7, 30 ou 60 dias, conforme o contrato tenha durado, respectivamente, 6 meses, de 6 meses a 2 anos ou por período superior, (nº 1 do art. 345º do CT).

[2] O trabalhador tem direito à compensação de 18 dias de retribuição base e diuturnidades por cada ano completo de antiguidade, salvo se a caducidade decorrer da declaração do trabalhador (nº 2 do art. 344º do CT, com a redacção introduzida pela Lei nº 93/2019, de 4 de Setembro).

[3] O formulário da "Declaração de Situação de Desemprego" pode ser obtido através do sítio www.seg-social.pt.

2. COMUNICAÇÃO PELO TRABALHADOR DA CADUCIDADE DO CONTRATO DE TRABALHO A TERMO CERTO

Nome e morada do trabalhador

Denominação social e
morada do empregador

Registada com Aviso de Recepção

Local e data

ASSUNTO: **Caducidade do contrato de trabalho a termo certo**

Venho comunicar a caducidade do contrato de trabalho celebrado no dia ..., com a antecedência de 8 dias, pelo que o mesmo cessará no dia ....[1]

Mais solicito o pagamento, nessa data, dos créditos emergentes do contrato de trabalho e da sua cessação, bem como a entrega do Certificado de Trabalho.

Com os melhores cumprimentos.

Assinatura do trabalhador

[1] A comunicação da caducidade deve ser efectuada até 8 dias antes do seu termo (nº 1 do art. 344º do CT).

3. COMUNICAÇÃO PELO EMPREGADOR DA CADUCIDADE DO CONTRATO DE TRABALHO POR REFORMA DO TRABALHADOR[1]

Denominação social e
morada do empregador

Nome e morada do trabalhador

Registada com Aviso de Recepção

Local e data

ASSUNTO: **Comunicação da caducidade do contrato de trabalho por reforma**

Vimos comunicar a caducidade do contrato de trabalho celebrado no dia ..., com efeitos imediatos, por ter sido reformado por velhice, pelo que cessará a prestação da sua actividade a partir desta data, sem prejuízo do pagamento dos créditos emergentes do contrato de trabalho e da entrega do Certificado de Trabalho

Com os melhores cumprimentos.

Assinatura do sócio-gerente do empregador

[1] O contrato de trabalho caduca com a reforma do trabalhador por velhice ou invalidez (al. c) do art. 343º do CT), sem prejuízo da conversão em contrato a termo prevista no art. 348º do CT.

4. ACORDO DE REVOGAÇÃO DO CONTRATO DE TRABALHO

Entre:

– Empregador,[1] pessoa colectiva nº ....,[2] com sede na Rua ..., representada por ...,[3] adiante designada por **primeira contraente** e

– Trabalhador,[4] estado civil, profissão, titular do cartão de cidadão nº ..., válido até ..., contribuinte fiscal nº ..., residente na Rua ..., adiante designado por **segundo contraente**, é acordada, de boa fé, a revogação do respectivo contrato de trabalho, nos termos do art. 349º do Código do Trabalho, com as seguintes cláusulas:

CLÁUSULA 1ª

O contrato de trabalho celebrado no dia ... cessa na presente data.

CLÁUSULA 2ª

A **primeira contraente** paga, neste acto, ao **segundo contraente**, a quantia de € ..., a título de compensação global pela cessação do contrato, de que este dá plena quitação.

CLÁUSULA 3ª

O **segundo contraente** pode fazer cessar o presente acordo, mediante comunicação escrita dirigida ao primeiro contraente, no prazo de 7 dias a contar da presente data.[5]

[1] Denominação da pessoa colectiva ou nome completo da pessoa singular.

[2] NIPC se for pessoa colectiva ou NIF se for pessoa singular.

[3] A pessoa colectiva é representada por um ou mais gerentes, administradores ou procuradores, conforme o respectivo contrato de sociedade.

[4] Nome completo.

[5] A Lei nº 73/2017, de 16 de Agosto, aditou o nº 3 ao artigo 349º do CT, que obriga a mencionar no acordo esta informação.

CLÁUSULA 4ª

O **segundo contraente** reconhece que, com o pagamento integral da referida compensação, nada mais terá a reclamar, uma vez que esta já integra os créditos vencidos ou exigíveis em virtude da cessação do contrato.

CLÁUSULA 5ª

O presente acordo fundamenta-se na extinção do posto de trabalho por motivo de crise económica e financeira que, reconhecidamente, afecta a actividade comercial da **primeira contraente.**[1]

CLÁUSULA 6ª

O presente acordo respeita o limite de quotas previsto no art. 10º, nº 4, do DL 220/2006, de 3 de Novembro.

O presente acordo é elaborado em duplicado, ficando cada parte com um exemplar.

Local e data

Pela primeira contraente, A segunda contraente,

[1] Deve ser concretizado o motivo, sem prejuízo da Declaração Complementar (v. Formulário III-5) e da Declaração Mod. RP 5044 da Segurança Social (www.seg-social.pt), para o trabalhador receber o subsídio de desemprego.

5. DECLARAÇÃO COMPLEMENTAR[1]

Para os devidos efeitos, se declara que o acordo de revogação do contrato de trabalho entre Empregador,[2] pessoa colectiva nº ....,[3] com sede na Rua ..., representada por ...,[4] e o Trabalhador,[5] estado civil, profissão, titular do cartão de cidadão nº ..., válido até ..., contribuinte fiscal nº ..., residente na Rua ..., se fundamenta na extinção do posto de trabalho por motivo da crise económica e financeira que, reconhecidamente, afecta o comércio de ... exercido pela ora declarante.

Efectivamente, no último ano, verificou-se uma acentuada diminuição da procura, com a consequente quebra de receitas, que inviabiliza, de todo, a sua actividade comercial[6].

A cessação deste contrato de trabalho enquadra-se na previsão do nº 4, do art. 10º, do Decreto-Lei nº 220/2006, de 3 de Novembro, alterado pelo Decreto-Lei nº 68/2009, de 20 de Março, pela Lei nº 5/2010, de 5 de Maio e pelos Decretos-Lei nºs 64/2012, de 15 de Março e 72/2010, de 18 de Junho, tendo sido informado o trabalhador que a declarante respeitou o limite de quotas fixado neste normativo.

Local e data

Assinatura do sócio-gerente do empregador,

[1] Declaração fundamentada do empregador comprovativa da situação de desemprego prevista no nº 1 do art. 74º do Decreto-Lei nº 220/2006, de 3 de Novembro.

[2] Denominação da pessoa colectiva ou nome completo da pessoa singular.

[3] NIPC se for pessoa colectiva ou NIF se for pessoa singular.

[4] A pessoa colectiva é representada por um ou mais gerentes, administradores ou procuradores, conforme o respectivo contrato de sociedade.

[5] Nome completo.

[6] Devem ser concretizados os motivos, ainda que de forma sintética, que permitiriam o recurso ao despedimento colectivo ou por extinção do posto de trabalho (nº 4 do art. 10º do citado Decreto-Lei nº 220/2006).

6. RESOLUÇÃO PELO TRABALHADOR DO CONTRATO DE TRABALHO COM JUSTA CAUSA

Nome e morada do trabalhador

Denominação social
e morada do empregador

Registada com Aviso de Recepção

Local e data

ASSUNTO: **Resolução do contrato de trabalho com justa causa**

Exmos. Senhores

Venho comunicar a imediata resolução, com justa causa, do contrato de trabalho celebrado no dia ..., nos termos dos nºs 1 e 2, alíneas a) e e) do art. 394º do Código do Trabalho, por motivo de falta culposa do pagamento da retribuição dos meses de ... do corrente ano.

Fico a aguardar o envio, no prazo de cinco dias úteis, da Declaração Modelo RP 5044 da Segurança Social[1] e do Certificado de Trabalho[2], sem prejuízo do pagamento dos créditos emergentes da cessação do contrato, acrescida da indemnização de antiguidade, nos termos do nº 1 do art. 396º do Código do Trabalho.

Com os melhores cumprimentos.

Assinatura do trabalhador

[1] O formulário da Declaração de Situação de Desemprego pode ser obtido através do sítio www.seg-social.pt.

[2] O dever de entregar estes documentos ao trabalhador está previsto nos arts. 43º do Decreto-Lei nº 220/2008, de 3 de Novembro e 341º do CT.

7. RESOLUÇÃO PELO TRABALHADOR DO CONTRATO DE TRABALHO POR MOTIVO DE TRANSFERÊNCIA DO LOCAL DE TRABALHO

Nome e morada do trabalhador

Denominação social
e morada do empregador

Registada com Aviso de Recepção

Local e data

ASSUNTO: **Resolução do contrato de trabalho por motivo de transferência definitiva do local de trabalho**

Exmos. Senhores

Venho comunicar a imediata resolução do contrato de trabalho celebrado no dia ..., nos termos do nº 5 do art. 194º do Código do Trabalho e com os fundamentos seguintes:

1. A transferência definitiva do meu local de trabalho de ... para ... causa-me prejuízo sério, uma vez que não permitirá o apoio aos meus dois filhos menores, nomeadamente, nas suas deslocações para os respectivos estabelecimentos educativos.
2. Deste modo, ficará, gravemente, afectado o meu direito à conciliação do trabalho com a vida familiar, previsto no nº 3 do art. 127º do Código do Trabalho e na al. b) do nº 1 do art. 59º da Constituição da República Portuguesa.

Fico a aguardar o envio, no prazo de cinco dias úteis da Declaração Modelo RP 5044 da Segurança Social[1] e do Certificado de Trabalho[2], sem prejuízo do pagamento dos créditos emergentes da cessação do contrato, acrescida da compensação prevista no nº 5 do art. 194º, com referência ao art. 366º, ambos do Código do Trabalho[3].

Com os melhores cumprimentos.

Assinatura do trabalhador

[1] O formulário da Declaração de Situação de Desemprego pode ser obtido através do sítio www.seg-social.pt.

[2] O dever de entregar estes documentos ao trabalhador está previsto nos arts. 43º do Decreto-Lei nº 220/2008, de 3 de Novembro e 341º do CT.

[3] O trabalhador terá direito a uma compensação correspondente a 12 dias de retribuição base e diuturnidades por cada ano completo de antiguidade, calculada proporcionalmente em caso de fracção, a qual não poderá ser superior a 12 vezes a retribuição base mensal e diuturnidades, com o limite máximo de 240 vezes o valor da retribuição mínima mensal garantida.

8. DENÚNCIA PELO EMPREGADOR DO CONTRATO DE TRABALHO DURANTE O PERÍODO EXPERIMENTAL

Denominação social
e morada do empregador

Nome e morada do trabalhador

Registada com Aviso de Recepção

Local e data

ASSUNTO: **Denúncia do contrato de trabalho**

Estando em curso o período experimental,[1] vimos comunicar a imediata cessação do contrato de trabalho iniciado no dia .... [2]

Com os melhores cumprimentos.

Assinatura do sócio-gerente do empregador

[1] A duração do período experimental está regulada no art. 112º do CT, alterado pela Lei nº 93/2019, de 4 de Setembro, se não for excluído por acordo escrito (art. 111º, nº 3 do CT).

[2] Se o período experimental tiver durado mais de 60 ou 120 dias, a denúncia deve ser efectuada com o aviso prévio de 7 ou 15 dias, respectivamente (nºs 2 e 3 do art. 114º do CT).

9. DENÚNCIA PELO TRABALHADOR DO CONTRATO DE TRABALHO SEM TERMO

Nome e morada do trabalhador

Denominação social e
morada do empregador

Registada com Aviso de Recepção

Local e data

ASSUNTO: **Denúncia do contrato de trabalho**

Venho denunciar o contrato de trabalho celebrado no dia ..., com a antecedência de 30 dias,[1] pelo que o mesmo cessará no dia ....

Mais solicito que, nessa data, me sejam pagos os créditos emergentes do contrato de trabalho e me seja entregue o Certificado de Trabalho.

Com os melhores cumprimentos.

Assinatura do trabalhador

[1] O aviso prévio será de 60 dias se o trabalhador tiver mais de dois anos de antiguidade (nº 1 do art. 400º do CT).

10. DENÚNCIA PELO EMPREGADOR DO CONTRATO DE TRABALHO POR ABANDONO DO TRABALHO

Denominação social e
morada do empregador

Nome e morada do trabalhador

Registada com Aviso de Recepção

Local e data

ASSUNTO: **Cessação do contrato de trabalho por abandono do trabalho**

Vimos comunicar a cessação do contrato de trabalho celebrado no dia ..., por abandono do trabalho, nos termos do art. 403º do Código do Trabalho, por ter faltado ao serviço há 10 dias úteis seguidos, sem qualquer informação sobre o motivo da ausência.[1]

Com os melhores cumprimentos.

Assinatura do sócio-gerente do empregador

[1] "Presume-se o abandono do trabalho a ausência do trabalhador durante, pelo menos, 10 dias úteis seguidos, sem que o empregador seja informado do motivo da ausência", embora esta presunção possa ser ilidida mediante comprovativo da total impossibilidade de comunicação ao empregador da causa da ausência (nºs 2 e 4 do art. 403º do CT).

IV. Procedimento Disciplinar com Intenção de Despedimento[1]

[1] O procedimento disciplinar com intenção de despedimento é regulado, imperativamente, pelos arts. 352º a 358º do CT. Contudo, os prazos podem ser alterados por instrumento de regulamentação colectiva de trabalho (nº 2 do art. 339º do CT).

1. AUTO DE NOTÍCIA

Aos ..., pelas ... horas, nas instalações da GRÁFICA PORTUGAL, Lda, sitas na Rua do Trabalho, nº ..., o impressor tipográfico António Silva, após ter sido chamado à atenção para um erro grosseiro do seu trabalho (uma linha que devia estar no rodapé de uma carta a três cores, encontrava-se sobre o local destinado ao endereço junto ao cabeçalho), disse, em voz alta e na presença dos seus colegas de trabalho, dirigindo-se ao gerente Mário Gomes: "*O Sr. Mário não percebe nada de impressão e composição. Foi culpado de outras pessoas terem saído desta firma. Já me anda a lixar há muito tempo*".

Ao mesmo tempo que fazia o gesto de levar a mão direita ao seu pescoço, o arguido ameaçou aquele gerente: "*Qualquer dia, esgano-o e corto-lhe o pescoço*".

Esta ameaça foi repetida, por diversas vezes, acrescentando o arguido: "*Se for preciso vou até ao fim do mundo para o fazer*".

De seguida, abandonou o serviço com mais impropérios, só regressando uma hora depois.

Lido e achado conforme, vai o presente auto ser assinado.

Local e data

Assinatura do gerente e das testemunhas presenciais

2. DESPACHO INICIAL[1]

Em face da gravidade do comportamento do trabalhador António Silva, descrito no auto de notícia de ..., a Gerência da GRÁFICA PORTUGAL, Lda, delibera instaurar-lhe o competente procedimento disciplinar com intenção de despedimento, nomeando instrutor o Sr. Dr. Jorge Pinho, com escritório em ... .

Local e data

Pela Gerência da GRÁFICA PORTUGAL, Lda,

[1] O procedimento disciplinar deve iniciar-se no prazo de 60 dias a contar do conhecimento da infracção pelo empregador ou superior hierárquico com competência disciplinar (nº 3 do art. 329º do CT).

3. COMUNICAÇÃO AO ARGUIDO DA SUA SUSPENSÃO PREVENTIVA

GRÁFICA PORTUGAL, Lda
Morada

Exmo. Senhor
António Silva
Morada

Registada com Aviso de Recepção

Local e data

Vimos comunicar a instauração de procedimento disciplinar com a intenção do seu despedimento, com fundamento no comportamento ocorrido no dia ....

Mais comunicamos a sua imediata suspensão preventiva[1], sem prejuízo do pagamento da retribuição, em face da gravidade das infracções, nomeadamente, as ameaças dirigidas ao gerente Mário Gomes e por se mostrar inconveniente a sua presença no local de trabalho.

Com os melhores cumprimentos.

O Instrutor,

[1] O empregador pode suspender preventivamente o trabalhador antes da notificação da nota de culpa com fundamento na inconveniência da sua presença na empresa, desde que aquela notificação seja efectuada nos 30 dias subsequentes à sua suspensão (nº 2 do art. 354º do CT).

4. AUTO DE INQUIRIÇÃO DE TESTEMUNHA DA ARGUENTE[1]

Aos ..., pelas ... horas, na sede da GRÁFICA PORTUGAL, Lda, compareceu perante mim, Jorge Pinho, Instrutor, o trabalhador Duarte Santos, impressor tipográfico, que, perguntado sobre a matéria do auto de notícia de ..., declarou o seguinte:

– No dia ..., pelas ... horas, o seu colega António Silva gritou para o gerente Mário Gomes, na presença dos seus colegas de trabalho:

"*O Sr. Mário não percebe nada de impressão e composição. Foi culpado de outras pessoas terem saído desta firma. Já me anda a lixar há muito tempo*".

Mais ameaçou, repetidamente, dirigindo-se ao mesmo gerente: "*Qualquer dia esgano-o e corto-lhe o pescoço.*

As palavras e gestos (mão direita no pescoço) foram repetidos pelo arguido, que ameaçou: " *Se for preciso vou até ao fim do mundo para o fazer*"

Seguidamente, abandonou o serviço a barafustar, regressando, apenas, uma hora mais tarde.

Lido e achado conforme, vai o auto ser assinado.

A testemunha,

O Instrutor,

[1] O empregador tem o ónus da prova dos factos que constituem justa causa do despedimento, razão por que devem ser arguidas as testemunhas que deles têm conhecimento.

5. COMUNICAÇÃO AO ARGUIDO DA NOTA DE CULPA

GRÁFICA PORTUGAL, Lda
Morada

Exmo. Senhor
António Silva
Morada

Registada com Aviso de Recepção

Local e data

Exmo. Senhor

Em face da gravidade do seu comportamento, que constitui justa causa de despedimento nos termos previstos nos nºs 1 e 2, alínea i) do art. 351º do Código do Trabalho, venho comunicar a intenção da Gerência da GRÁFICA PORTUGAL, Lda de proceder ao seu despedimento após a conclusão do procedimento disciplinar em curso, de harmonia com o disposto no nº 1 do art. 353º do supracitado Código.[1]

Finalmente, junto envio, em anexo, a **NOTA DE CULPA**, para responder, querendo, no prazo de dez dias úteis. Durante este prazo, poderá consultar o processo disciplinar na sede da empresa.[2]

Sem mais, subscrevo-me, com os meus cumprimentos.

O Instrutor,

[1] Deve ser comunicada a intenção de despedimento sob pena de invalidade do procedimento (al. b) do nº 2 do art. 382º do CT).

[2] Se a arguente não for uma microempresa (até 9 trabalhadores), a nota de culpa deve ser, também, remetida à comissão de trabalhadores e ao sindicato do arguido, se este for representante sindical (nº 2 do art. 353º e nº 1 do art. 358º do CT).

6. NOTA DE CULPA

A GRÁFICA PORTUGAL, Lda deduz contra o impressor tipográfico ANTÓNIO SILVA a seguinte nota de culpa:

1º

No dia ... de ... de ..., pelas ... horas, nas instalações da GRÁFICA PORTUGAL, Lda, sitas na Rua do Trabalho, nº ..., o arguido, após ter sido chamado à atenção para um erro grosseiro do seu trabalho (uma linha que devia estar no rodapé de uma carta, encontrava-se sobre o local destinado ao endereço junto ao cabeçalho) disse, em voz alta e na presença dos seus colegas de trabalho, dirigindo-se ao gerente Mário Gomes: "*O Sr. Mário não percebe nada de impressão e composição. Foi culpado de outras pessoas terem saído desta firma. Já me anda a lixar há muito tempo*".

2º

Ao mesmo tempo que fazia o gesto de levar a mão direita ao seu pescoço, o arguido ameaçou aquele gerente: "*Qualquer dia, esgano-o e corto-lhe o pescoço*".

3º

Esta ameaça foi repetida, por diversas vezes, acrescentando o arguido: "*Se for preciso vou até ao fim do mundo para o fazer*".

4º

De seguida, abandonou o serviço a barafustar, só regressando uma hora depois.

5º

O comportamento doloso acima descrito, pela sua gravidade e consequências, torna imediatamente impossível a subsistência do seu contrato de trabalho e constitui justa causa de despedimento, nos termos dos nºs 1 e 2, al. i) do art. 351º do Código do Trabalho.[1]

Local e data

O Instrutor

[1] A nota de culpa deve descrever os actos imputados ao trabalhador, bem como as circunstâncias de tempo, lugar e modo da sua prática (nº 1 do art. 353º do CT), sob pena de invalidade do procedimento (al. a) do nº 2 do art. 382º do CT).

7. RESPOSTA À NOTA DE CULPA[1]

António Silva
Morada

Exmo. Senhor
Instrutor Dr. Jorge Pinho
Morada

ANTÓNIO SILVA, impressor tipográfico, residente em ..., tendo sido notificado da nota de culpa deduzida pela GRÁFICA PORTUGAL, Lda, vem apresentar a sua defesa, nos termos e com os fundamentos seguintes:

1º

O arguido não praticou os actos que vem acusado. Diferentemente,

2º

O gerente Mário Gomes é que o provocou, dizendo, na presença dos seus colegas de trabalho: "*És um incompetente. Não sabes fazer uma carta*".

3º

O arguido limitou-se a retorquir, proferindo as frases descritas nos arts. 1º a 3º da nota de culpa. Porém,

4º

Não ameaçou o referido gerente com o gesto descrito no art. 2º da nota de culpa.

[1] O trabalhador tem o prazo de 10 dias úteis para consultar o processo e responder à nota de culpa (nº 1 do art. 355º do CT).

5º

O arguido ausentou-se durante uma hora, porque sofreu uma intensa perturbação emocional. Efectivamente,

6º

O arguido padece de depressão, conforme documento médico que protesta juntar.

7º

O arguido não agiu com intenção de ofender o citado gerente.

8º

Por isso, inexiste o elemento subjectivo da infracção disciplinar.

9º

De resto, o arguido sempre respeitou os gerentes e colegas de trabalho.

10º

Também, vem exercendo as suas funções profissionais com zelo e competência desde a sua admissão.

11º

Em qualquer caso, a conduta do arguido, atento o sobredito circunstancialismo, não impossibilita, de imediato, a subsistência da relação laboral (nº 1 do art. 351º, do Código do Trabalho)

12º

O anunciado despedimento do arguido violaria os princípios da proporcionalidade e da culpa.

Termos em que deve ser arquivado o presente processo disciplinar, sem a aplicação de qualquer sanção disciplinar ao arguido.

Finalmente, requer a inquirição das seguintes testemunhas:[1]-[2]

1º – NUNO LEÃO, motorista, com domicílio profissional na sede da R., à matéria dos arts. 9º e 10º e

2ª – ROSA MARIA, administrativa, residente na Rua do Céu, nº 5, 1º, 1050-650 Lisboa, à matéria dos arts. 9º e 10º.

Protesta juntar uma declaração médica para prova do art. 6º.[3]

Local e data

O Arguido,

[1] O empregador é obrigado a realizar as diligências probatórias requeridas pelo trabalhador, uma vez que o Tribunal Constitucional declarou inconstitucional o nº 1 do art. 356º do Código do Trabalho (Ac. nº 338/10, de 22/09/2010, do Tribunal Constitucional).

[2] O arguido não pode indicar mais do que três testemunhas para cada facto, no total de 10 (nº 3 do art. 356º do Código do Trabalho).

[3] O arguido pode juntar documentos pertinentes (nº 1 do art. 355º do CT).

8. AUTO DE INQUIRIÇÃO DE TESTEMUNHA DO ARGUIDO[1-2]

Aos ..., pelas ... horas, na sede da GRÁFICA PORTUGAL, Lda, compareceu perante mim, Jorge Pinho, instrutor, o motorista Nuno Leão, identificado na resposta à nota de culpa, que, perguntado sobre a matéria dos arts. 9º e 10º, declarou o seguinte:

Não presenciou os factos de que o arguido vem acusado, mas foi colega do arguido noutra Gráfica e pode atestar que sempre respeitou os gerentes e os colegas de trabalho dessa empresa.

O arguido desempenhou as suas funções profissionais de forma competente e dedicada.

Lido e achado conforme, vai o auto ser assinado.

A testemunha,

O Instrutor,

[1] O instrutor deve proceder à inquirição das testemunhas arroladas pelo arguido com os limites fixados no nº 3 do art. 356º do CT.

[2] O trabalhador deve assegurar a comparência das suas testemunhas no local indicado pelo instrutor (nº 4 do art. 356º do CT).

9. RELATÓRIO E PROPOSTA DE DECISÃO

1 – No dia ..., foi lavrado o auto de notícia, segundo o qual, nas instalações da arguente, sitas na Rua do Trabalho, nº ..., em ..., o arguido ameaçou o gerente Mário Gomes com as seguintes palavras e gestos, na presença dos seus colegas de trabalho:

> *"O Sr. Mário não percebe nada de impressão e composição. Foi culpado de outras pessoas terem saído desta firma. Já me anda a lixar há muito tempo".*

Ao mesmo tempo que fazia o gesto de levar a mão direita ao seu pescoço, o arguido ameaçou aquele gerente: *"Qualquer dia, esgano-o e corto-lhe o pescoço".*

Esta ameaça foi repetida, por diversas vezes, acrescentando o arguido: *"Se for preciso vou até ao fim do mundo para o fazer".*

De seguida, abandonou o serviço a barafustar, só regressando uma hora depois.

As testemunhas presenciais confirmaram a factualidade descrita no auto de notícia.

2 – No dia ..., foi remetida a **nota de culpa** ao arguido, que foi suspenso preventivamente e advertido da intenção da arguente proceder ao seu despedimento.

As acusações descritas na nota de culpa são as seguintes:

> "1. No dia ..., pelas ... horas, nas instalações da GRÁFICA PORTUGAL, Lda, sitas na Rua do Trabalho, nº ..., em ... o arguido, após ter sido chamado à atenção para um erro grosseiro do seu trabalho (uma linha que devia estar no rodapé de uma carta, encontrava-se sobre o local destinado ao endereço junto ao cabeçalho) disse, em voz alta e na presença dos seus colegas de trabalho, dirigindo-se ao gerente Mário Gomes: *"O Sr. Mário não percebe nada de impressão e composição. Foi culpado de outras pessoas terem saído desta firma. Já me anda a lixar há muito tempo".*
>
> 2. Ao mesmo tempo que fazia o gesto de levar a mão direita ao seu pescoço, o arguido ameaçou aquele gerente: *"Qualquer dia, esgano-o e corto-lhe o pescoço".*

3. Esta ameaça foi repetida, por diversas vezes, acrescentando o arguido: *"Se for preciso vou até ao fim do mundo para o fazer"*.
4. De seguida, abandonou o serviço a barafustar, só regressando uma hora depois".

3 – O arguido apresentou a sua defesa no prazo legal e arrolou duas testemunhas.

Em síntese, confessou os factos descritos nos arts. 1º a 4º da nota de culpa, negando, apenas, o gesto ameaçador descrito na primeira parte do nº 2 da nota de culpa.

Mais alega que foi provocado com frases ofensivas da sua dignidade profissional e que, por isso, ficou perturbado emocionalmente.

Também, invoca uma depressão que vem afectando o seu bom comportamento profissional.

4 – Porém, as testemunhas de defesa, apenas, abonaram a sua boa conduta profissional, declarando não terem presenciado o incidente ocorrido no dia ... . Também, não foi junto o documento médico comprovativo da alegada depressão.

5 – Tudo ponderado, conclui-se pela procedência da acusação, considerando-se provados os factos descritos nos arts. 1º a 4º da nota de culpa.

Por outro lado, o circunstancialismo atenuativo não é suficiente para afastar a culpa grave do arguido.

6 – Efectivamente, a conduta do arguido, pela sua gravidade e consequências, impossibilita, imediatamente, a continuidade da relação laboral, constituindo justa causa de despedimento, nos termos dos nºs 1 e 2, alínea i) do art. 351º do Código do Trabalho.

Pelo exposto, propõe-se a aplicação ao arguido da sanção de despedimento sem indemnização.

Local e data

O Instrutor,

10. COMUNICAÇÃO DA DECISÃO AO TRABALHADOR[1]

GRÁFICA PORTUGAL, Lda
Morada

Exmo. Senhor
António Silva
Morada

Registada C/AR

Local e data

Exmo. Senhor

Vimos, por este meio, comunicar o seu despedimento imediato, com justa causa, pelos fundamentos constantes do relatório anexo, que aqui se dá por reproduzido.[2]

Com efeito, foram provados os factos constantes da nota de culpa, que comprometem, irremediavelmente, a relação de trabalho, nomeadamente, as ameaças feitas ao gerente Mário Gomes no dia ..., na presença dos colegas de trabalho.

Finalmente, estão à sua disposição as prestações devidas pela cessação do seu contrato de trabalho, bem como o certificado de trabalho.

[1] A decisão deve ser fundamentada, por escrito, ainda que por remissão para o relatório do instrutor (nº 5 do art. 357º do CT).

[2] O empregador dispõe do prazo de 30 dias para proferir a decisão de despedimento a contar da última diligência ou do termo do prazo de cinco dias úteis para a recepção do parecer da comissão de trabalhadores ou do sindicato, se o arguido for representante sindical (nº 1 do art. 357º do CT).

Com os melhores cumprimentos

O Gerente da GRÁFICA PORTUGAL, Lda,

Em anexo:
1 Relatório

V. Procedimento Disciplinar sem Intenção de Despedimento[1-2]

[1] Além dos arts. 328º a 332º do CT, há que atender à regulamentação colectiva do trabalho aplicável.

[2] Os funcionários e agentes da Administração Central, Regional, Local, os trabalhadores que exercem funções públicas, os Magistrados Judiciais e do Ministério Público, os funcionários de justiça, da Polícia Judiciária, da PSP e da GNR e os Advogados, Médicos e Solicitadores têm estatutos disciplinares específicos.

1. PARTICIPAÇÃO

Exmo. Senhor
Director da CORREIO VERDE, S.A.

Venho participar que, hoje, dia ..., o distribuidor Luís Campos não entregou cinco encomendas urgentes destinadas ao "BANCO AZUL", sito em ..., sem qualquer justificação.

É testemunha o supervisor Serafim Couto.

Local e data

O Chefe da Distribuição,

2. DESPACHO INICIAL

Em face da conduta infraccional do trabalhador Luís Campos, descrita na participação do Chefe da Distribuição, datada de ..., o Director da CORREIO VERDE, S.A.,[1] decide instaurar-lhe o competente procedimento disciplinar, nomeando instrutor o Sr. Dr. Edgar Mota, com escritório em ... .

Local e data

O Director de Recursos Humanos da CORREIO VERDE, S.A.,

[1] O poder disciplinar pode ser exercido directamente pelo empregador ou por superior hierárquico do trabalhador (nº 4 do art. 329º do CT).

3. AUTO DE INQUIRIÇÃO DE TESTEMUNHA DA ARGUENTE[1]

Aos ..., pelas ... horas, na sede da CORREIO VERDE, S.A., compareceu perante mim, Edgar Mota, Instrutor, o supervisor Serafim Couto, que, perguntado sobre a matéria da participação, declarou o seguinte:

– É verdade que, no dia ..., o seu colega Luís Campos regressou à empresa com as cinco encomendas que deveriam ter sido entregues, nesse dia, ao BANCO AZUL.

Interpelado pelo Chefe da Distribuição, alegou que teve excesso de trabalho, embora não fosse prioritário.

Lido e achado conforme, vai o auto ser assinado.

A testemunha,

O Instrutor,

[1] O empregador tem o ónus da prova dos factos que constituem justa causa do despedimento, razão por que devem ser inquiridas as testemunhas que deles têm conhecimento.

4. COMUNICAÇÃO AO ARGUIDO DA NOTA DE CULPA

CORREIO VERDE, S.A.
Morada

Exmo. Senhor
Luís Campos
Morada

Registada com Aviso de Recepção

Local e data

Exmo. Senhor

Junto envio, em anexo, a **NOTA DE CULPA**, para responder, querendo, no prazo de cinco dias úteis.[1] Durante este prazo, poderá consultar o processo disciplinar na sede da empresa.[2]

Sem mais, subscrevo-me, com os meus cumprimentos.

O Instrutor,

[1] O prazo é fixado pelo instrutor, tendo em atenção a maior ou menor complexidade do processo, mas com respeito pelos prazos mínimos estabelecidos pelo instrumento de regulamentação colectiva do trabalho aplicável.

[2] É essencial garantir a audiência prévia do trabalhador, sem prejuízo da observância das formalidades impostas pelo instrumento de regulamentação colectiva de trabalho aplicável (nº 6 do art. 329º do CT).

5. NOTA DE CULPA[1]

CORREIO VERDE, S.A. deduz contra o distribuidor
LUÍS CAMPOS a seguinte **NOTA DE CULPA**:

1º

No dia ..., o arguido não entregou cinco encomendas urgentes destinadas ao cliente BANCO AZUL, sito em ..., sem ter apresentado qualquer justificação.

2º

Deste modo, violou culposamente o dever de zelo e diligência previsto na alínea c) do nº 1 do art. 128º do Código do Trabalho.

3º

O comportamento acima descrito é punível com a pena de suspensão do trabalho com perda de retribuição e de antiguidade, prevista na alínea e) do art. 328º do Código do Trabalho.

Local e data

O Instrutor,

[1] Não é obrigatório deduzir nota de culpa, salvo instrumento de regulamentação colectiva de trabalho em contrário, mas o instrutor deve fazê-lo para provar o respeito pela audiência prévia do arguido consignado no nº 6 do art. 329º do CT e no nº 10 do art. 32º da Constituição da República Portuguesa.

6. RESPOSTA À NOTA DE CULPA

Exmo. Senhor
Instrutor Dr. Jorge Pinho
Morada

LUÍS CAMPOS, distribuidor, residente em ..., vem responder à nota de culpa deduzida pela CORREIO VERDE, S.A., nos termos e com os fundamentos seguintes:

1º

É verdade que o arguido não logrou distribuir as cinco encomendas no dia ... .

2º

Tal ocorreu por excesso de serviço.

3º

Havia muito correio acumulado da véspera.

4º

Por outro lado, o arguido não tinha experiência de distribuição nesse giro.

5º

Aliás, o arguido só pôde sair às 11.00 horas, quando os seus colegas saem, usualmente, para a distribuição, pelas 9.30 horas.

6º

Durante o tempo de trabalho, o arguido fez o que, humanamente, era possível fazer nas condições adversas em que laborou nesse dia.

7º

Assim sendo, não violou culposamente qualquer dever profissional.

8º

Deste modo, não se verifica o elemento subjectivo da infracção de que é acusado.

9º

O arguido sempre prestou serviço de qualidade, reconhecido por todos.

10º

O arguido sempre trabalhou de forma diligente.

11º

Nunca sofreu qualquer sanção disciplinar desde a sua admissão em ... .

12º

Os próprios clientes apreciam as qualidades profissionais do arguido.

Pelo exposto, deve ser arquivado o presente procedimento disciplinar, sem a aplicação de qualquer sanção ao arguido.

Testemunha (à matéria dos arts. 9ª, 10º e 12º): **RUI SÁ**, distribuidor, com domicílio profissional nas instalações da arguente.

Local e data

O Arguido,

7. AUTO DE INQUIRIÇÃO DE TESTEMUNHA DO ARGUIDO[1]

Aos ..., pelas ... horas, na sede da CORREIO VERDE, S.A., compareceu perante mim, Edgar Mota, instrutor, o distribuidor Rui Sá, que, perguntado sobre a matéria dos arts. 10º e 12º, declarou o seguinte:

– O arguido tem exercido a sua actividade com dedicação, sendo respeitado pelos colegas e clientes.

Lido e achado conforme, vai o auto ser assinado.

A testemunha,

O Instrutor,

[1] O instrutor deve proceder à inquirição das testemunhas arroladas pelo arguido para apurar a verdade e decidir com justiça, de harmonia com os direitos de audiência e defesa garantidos no nº 10 do art. 32º da Constituição da República Portuguesa.

8. RELATÓRIO E PROPOSTA DE DECISÃO

1 – O presente procedimento disciplinar teve origem na participação do Chefe de Distribuição de fls ..., segundo o qual o arguido não entregou cinco encomendas destinadas ao BANCO AZUL, sem qualquer justificação.

2 – No dia ..., foi remetida a **nota de culpa** ao arguido, cuja matéria de facto se transcreve:

"No dia ..., o arguido não entregou cinco encomendas urgentes destinadas ao cliente BANCO AZUL, sito em ..., sem ter apresentado qualquer justificação".

3 – O arguido apresentou a sua defesa no prazo fixado e arrolou uma testemunha.

Em síntese, confessou o facto descrito no art. 1º da nota de culpa, alegando excesso de trabalho e inexperiência no giro em causa.

4 – Porém, a testemunha de defesa limitou-se a confirmar a sua boa conduta profissional e o apreço dos colegas e clientes.

5 – Tudo ponderado, conclui-se pela procedência da acusação, considerando-se provado o facto descrito no art. 1º da nota de culpa.

6 – Por outro lado, o circunstancialismo atenuativo não é suficiente para afastar a culpa do arguido, embora releve para a penalidade ora proposta.

7 – Efectivamente, o arguido violou o dever de trabalhar com zelo e diligência, previsto na alínea c) nº 1 do art. 128º do Código do Trabalho.

Pelo exposto, propõe-se a aplicação ao arguido da sanção pecuniária de um terço da sua retribuição diária, prevista na al. c) do nº 1 do art. 328º do Código do Trabalho.[1]

Local e data

O Instrutor,

[1] A sanção disciplinar deve ser adequada à gravidade da infracção e à culpabilidade do arguido (nº 1 do art. 330º do CT).

9. COMUNICAÇÃO DA DECISÃO AO TRABALHADOR

CORREIO VERDE, S.A.
Morada

Exmo. Senhor
Luís Campos
Morada

Registada com Aviso de Recepção

Local e data

Exmo. Senhor

Vimos, por este meio, comunicar a aplicação da sanção pecuniária de um terço da sua retribuição diária, pelos fundamentos constantes do relatório anexo, que aqui se dá por reproduzido.[1]-[2]

Com efeito, ficou provada a violação do dever de zelo e diligência por não ter entregue, no dia ..., cinco encomendas urgentes destinadas ao cliente BANCO AZUL, sem qualquer justificação.

Com os melhores cumprimentos.

O Director dos Recursos Humanos da CORREIO VERDE, S.A.,

Em anexo:
1 Relatório

[1] A sanção disciplinar deve ser aplicada nos três meses seguintes à decisão (nº 2 do art. 330º do CT).

[2] O empregador deve manter actualizado o registo das sanções disciplinares (art. 332º do CT).

10. RECURSO HIERÁRQUICO

Exmo. Senhor
Presidente do Conselho de Administração
da CORREIO VERDE, S.A.

LUÍS CAMPOS, distribuidor, residente na Rua ..., não se conformando com o despacho do Director dos Recurso Humanos de ..., dele vem interpor recurso hierárquico para o Conselho de Administração dessa empresa, nos termos do nº 7 do art. 329º e da Cláusula ... do Acordo de Empresa aplicável, com os fundamentos seguintes:

1º

Pelo despacho recorrido, foi aplicada ao arguido, ora recorrente, a sanção disciplinar de um terço da sua retribuição diária. Porém,

2º

A penalidade aplicada é injusta e ilegal. Efectivamente,

3º

O recorrente não conseguiu entregar as cinco encomendas destinadas ao BANCO AZUL, no dia ..., por causa da sobrecarga de correio acumulado da véspera.

4º

Acresce o facto de ser a primeira vez que o recorrente procedia à distribuição na área onde se situava o BANCO AZUL. De resto,

5º

Só pôde sair às 11 horas, quando os seus colegas saem para distribuição, usualmente, pelas 9.30 horas.

6º

O recorrente fez o que era, humanamente, possível para distribuir o maior número de correspondência.

7º

Nestas circunstâncias, o recorrente não actuou culposamente.

8º

Por isso, não cometeu qualquer infracção disciplinar.

9º

O recorrente nunca foi sancionado disciplinarmente.

10º

Pelo contrário, sempre cumpriu os seus deveres profissionais com zelo e competência.

11º

O recorrente é estimado pelas suas qualidades profissionais.

12º

Os próprios clientes apreciam a qualidade do seu trabalho.

Termos em que deve ser arquivado o presente procedimento disciplinar sem a aplicação de qualquer sanção ao arguido.

Local e data

O Recorrente,

VI. Procedimento do Despedimento Colectivo

1. COMUNICAÇÃO DA INTENÇÃO DE DESPEDIMENTO COLECTIVO[1]

Denominação social e
morada do empregador

Nome e morada do trabalhador

Registada com Aviso de Recepção

Local e data

ASSUNTO: **Despedimento colectivo**

Exmo. Senhor

Vimos comunicar a intenção de proceder ao seu despedimento, juntamente com mais 49 trabalhadores, nos termos e para os efeitos previstos no nº 3 do art. 360º do Código do Trabalho (CT).

Junta-se, em anexo, os seguintes documentos e informações, conforme o disposto no nº 2 do art. 360º do CT, os quais fazem parte integrante da presente comunicação:

- Motivos do despedimento colectivo (Anexo I);
- Quadro de pessoal discriminado por sectores da empresa (Anexo II):
- Critérios de selecção dos trabalhadores a despedir (Anexo III);
- Número de trabalhadores a despedir e respectivas categorias profissionais (Anexo IV);
- Tempo previsível para o despedimento (Anexo V) e
- Método do cálculo de compensação (Anexo VI)[2].

[1] O despedimento colectivo fundamenta-se no encerramento de uma ou várias secções ou estruturas equivalentes ou na redução dos trabalhadores por motivos de mercado, estruturais ou tecnológicos (art. 359º do CT).

[2] O trabalhador abrangido pelo despedimento colectivo tem direito à compensação correspondente a 12 dias de retribuição base e diuturnidades por cada ano completo de antiguidade, calculada proporcionalmente em caso de fracção, a qual não poderá ser superior a 12 vezes a retri-

Os trabalhadores abrangidos pelo despedimento colectivo poderão eleger, no prazo de cinco dias a contar da recepção desta comunicação, uma Comissão Representativa.[1]-[2]
Nos cinco dias seguintes, iniciar-se-á a fase de informações e negociação entre esta Sociedade e a referida Comissão, com a participação de um representante do Ministério do Trabalho e da Solidariedade Social.
Na falta de acordo, será proferida a decisão de despedimento colectivo, com o aviso prévio previsto no nº 1 do art. 363º do CT.

Com os melhores cumprimentos.

O Administrador,

Em anexo: 5 documentos.

buição base mensal e diuturnidades, com o limite máximo de 240 vezes o valor da retribuição mínima mensal garantida, nos termos dos nºs 1 e 2 do art. 366º do CT.
Porém, se o contrato de trabalho tiver sido celebrado entre 1 de Novembro de 2011 e 30 de Setembro de 2013, o trabalhador tem direito à compensação de 20 dias de retribuição base e diuturnidades e, a partir de 1 de Outubro de 2013, a 18 dias nos três primeiros anos e 12 dias nos anos subsequentes por cada ano completo de antiguidade, calculada proporcionalmente em caso de fracção.
Se o contrato for anterior àquela data, o trabalhador manterá a compensação de um mês de retribuição base e diuturnidades até 31 de Outubro de 2012, de 20 dias de retribuição base e diuturnidades até 30 de Setembro de 2013 e, a partir de 1 de Outubro de 2013, de 18 dias nos três primeiros anos e 12 dias nos anos subsequentes, nos termos do art. 6º da Lei nº 69/2013, de 30 de Agosto.

[1] A comunicação só será efectuada a cada um dos trabalhadores se não houver comissão de trabalhadores nem comissões sindicais (nºs 1 e 3 do art. 360º do CT).

[2] Os trabalhadores poderão designar uma Comissão Representativa, se não houver comissão de trabalhadores nem comissões sindicais, com o máximo de 3 ou 5 membros, conforme o despedimento abranja até 5 ou mais trabalhadores, respectivamente.

2. COMUNICAÇÃO AO MINISTÉRIO DO TRABALHO, SOLIDARIEDADE E SEGURANÇA SOCIAL

Denominação social e
morada do empregador

Exmo. Senhor
Director-Geral do Emprego e das Relações
de Trabalho do Ministério do Trabalho,
Solidariedade e Segurança Social[1]
Morada

Registada com Aviso de Recepção

Local e data

ASSUNTO: **Despedimento colectivo**

Vimos comunicar a intenção de proceder ao despedimento colectivo de 50 trabalhadores do Departamento ... desta empresa, pelos motivos constantes da carta que lhes foi remetida no dia ..., de que se junta cópia, nos termos do disposto no nº 5 do art. 360º do Código do Trabalho.

Com os melhores cumprimentos.

O Administrador,

Em anexo:
1 cópia da carta

[1] A intervenção do Ministério do Trabalho, Solidariedade e Segurança Social visa "promover a regularidade da instrução substantiva e procedimental e a conciliação dos interesses das partes" (nº 1 do art. 362º do CT).

3. ACTA DA REUNIÃO COM A COMISSÃO REPRESENTATIVA

ACTA[1]

Aos ...., pelas ... horas, na sede da ..., sita em ..., reuniram-se os representantes da empresa ... e os membros da Comissão Representativa [2] dos trabalhadores, no âmbito da fase de informações e negociação do procedimento de despedimento colectivo em curso, estando presentes:

- Dr. ..., na qualidade de representante da Direcção-Geral do Emprego e das Relações de Trabalho (DGERT) do Ministério do Trabalho, Solidariedade e Segurança Social (MTSSS);
- Dr. .....Director de Recursos Humanos, em representação da empresa;
- Dr. ..., na qualidade de perito da empresa;
- Srs. ..., na qualidade de membros da Comissão Representativa e
- Dr. ..., na qualidade de perito da Comissão Representativa.

Sob proposta do representante da empresa, foi aprovado o seguinte ponto único da Ordem de Trabalhos: Compensação por despedimento colectivo.

Pelo representante da empresa foi apresentada a seguinte proposta ... .

Pelo Sr. ..., porta voz da Comissão Representativa, foi declarada a não aceitação da proposta da empresa e apresentada a seguinte contraproposta ... .

Pelo representante da empresa, foi dito que mantinha a sua proposta, recusando o acordo.

Pelo representante da DGERT foi declarado inexistir qualquer irregularidade da instrução do procedimento de despedimento colectivo.

[1] Habitualmente, há várias reuniões de negociação, devendo as respectivas actas conter "a matéria acordada, bem como as posições divergentes das partes e as opiniões, sugestões e propostas de cada uma" (nº 5 do art. 361º do CT).

[2] A negociação só será efectuada com a comissão representativa, se não houver comissão de trabalhadores nem comissões sindicais (nº 1 dos arts. 360º e 361º do CT).

Não tendo sido possível a obtenção de um acordo entre as partes, foi encerrada a presente reunião, pelas ... horas.
Lida a presente acta, vai ser assinada por todos os participantes na reunião.

Local e data

Assinaturas

4. COMUNICAÇÃO À COMISSÃO PARA A IGUALDADE NO TRABALHO E NO EMPREGO

Denominação social e
morada do empregador

Exmo. Senhor
Presidente da Comissão para a Igualdade
no Trabalho e no Emprego (CITE)
Morada

Registada com Aviso de Recepção

Local e data

ASSUNTO: **Despedimento de trabalhadora grávida**[1]

Exmo. Senhor
Vimos remeter cópia do processo de despedimento colectivo, após o termo da fase de informações e negociação prevista no art. 361º do Código do Trabalho (CT), o qual inclui a trabalhadora grávida M ..., nos termos e para os efeitos do disposto nos nºs 3, alínea b) e 4, do art. 63º do CT.
Ficando a aguardar o parecer da CITE no prazo legal,[2] subscrevemo-nos, com os melhores cumprimentos.

O Administrador,

Em anexo: cópia do processo

[1] O despedimento de trabalhadora grávida, puérpera ou lactante (v. conceitos no nº 1 do art. 36º do CT) carece de parecer prévio da CITE (art.363º do CT).
[2] A CITE deve comunicar o parecer ao empregador e à trabalhadora no prazo de 30 dias a contar da recepção do processo (nº 4 do art. 63º do CT).

5. COMUNICAÇÃO DA DECISÃO DO DESPEDIMENTO COLECTIVO

Denominação social e
morada do empregador

Nome e morada do trabalhador

Registada com Aviso de Recepção

Local e data

ASSUNTO: **Despedimento colectivo** [1]

Exmo. Senhor

Vimos comunicar o seu despedimento, no âmbito do despedimento colectivo de 50 trabalhadores afectos ao Departamento ... desta empresa, nos termos do nº 1 do art. 363º do Código do Trabalho e com os fundamentos seguintes:

1. Motivo do despedimento

O Departamento ... é deslocalizado para Budapeste por razões económicas e financeiras.

Efectivamente, a diminuição da procura de serviços obriga esta empresa a reduzir os seus custos operacionais para evitar a insolvência, mediante a reorganização e deslocalização do Departamento ..., nos termos descritos no Anexo I da carta remetida no dia ..., que se passa a sintetizar: ... .[2]

[1] A decisão de despedimento colectivo deve ser comunicada ao trabalhador após o decurso do prazo de 15 dias a contar da comunicação inicial (nº 1 do art. 363º do CT).

[2] Os motivos do despedimento colectivo devem ser rigorosamente descritos.

2. Data da cessação do contrato de trabalho

O contrato de trabalho cessará no dia ..., conforme o aviso prévio previsto na alínea ... do nº 1, do art. 365º do CT.[1]

3. Compensação [2]

Na falta de acordo, o trabalhador terá direito à compensação prevista nos nºs 1 e 2 do art. 366º do CT.

Esta empresa pagará a compensação de € ... correspondente a ... de retribuição base e diuturnidades por cada ano completo, acrescida da parte proporcional da fracção do último ano, sem prejuízo dos créditos emergentes da cessação do contrato.

A compensação e os créditos emergentes da cessação do contrato de trabalho serão pagos por transferência bancária no dia ... .[3]

Com os melhores cumprimentos.

O Administrador,

[1] O aviso prévio mínimo para os trabalhadores é o seguinte: 15 dias para o trabalhador com antiguidade inferior a 1 ano; 30 dias para o trabalhador com antiguidade de 1 a 4 anos e 364 dias; 60 dias para o trabalhador com antiguidade de 5 a 9 anos e 364 dias e 75 dias para o trabalhador com antiguidade igual ou superior a 10 anos (nº 1 do art. 363º do CT).

[2] O trabalhador abrangido pelo despedimento colectivo tem direito à compensação correspondente a 12 dias de retribuição base e diuturnidades por cada ano completo de antiguidade, calculada proporcionalmente em caso de fracção, a qual não poderá ser superior a 12 vezes a retribuição base mensal e diuturnidades, com o limite máximo de 240 vezes o valor da retribuição mínima mensal garantida, nos termos dos nºs 1 e 2 do art. 366º do CT.
Porém, se o contrato de trabalho tiver sido celebrado entre 1 de Novembro de 2011 e 30 de Setembro de 2013, o trabalhador tem direito à compensação de 20 dias de retribuição base e diuturnidades e, a partir de 1 de Outubro de 2013, a 18 dias nos três primeiros anos e 12 dias nos anos subsequentes por cada ano completo de antiguidade, calculada proporcionalmente em caso de fracção. Se o contrato for anterior àquela data, o trabalhador manterá a compensação de um mês de retribuição base e diuturnidades até 31 de Outubro de 2012, de 20 dias de retribuição base e diuturnidades até 30 de Setembro de 2013 e, a partir de 1 de Outubro de 2013, de 18 dias nos três primeiros anos e 12 dias nos anos subsequentes, nos termos do art. 6º da Lei nº 69/2013, de 30 de Agosto.

[3] Presume-se a aceitação do despedimento se o trabalhador não devolver a compensação (nº 4 do art. 366º do CT).

VII. Procedimento do Despedimento por Extinção do Posto de Trabalho[1-2]

[1] O pedido de intervenção da ACT deve de ser efectuado nos três dias seguintes à comunicação do empregador (nº 2 do art. 370º do CT).

[2] A ACT deve enviar o relatório no prazo de 7 dias a contar do requerimento.

1. COMUNICAÇÃO DA INTENÇÃO DE DESPEDIMENTO POR EXTINÇÃO DO POSTO DE TRABALHO[1-2-3]

Denominação social e
morada do empregador

Nome e morada do trabalhador

Registada com Aviso de Recepção

Local e data

ASSUNTO: **Despedimento por extinção do posto de trabalho**

Exmo. Senhor

Vimos comunicar a intenção de proceder ao seu despedimento, em consequência da necessidade de extinguir o seu posto de trabalho, nos termos do nº 1 do art. 369º do Código do Trabalho, pelas razões descritas no Anexo I.

A extinção do posto de trabalho é justificada por motivos de mercado, nomeadamente, a redução drástica das vendas, decorrente da crise económica e financeira que afecta a actividade comercial da empresa.

[1] O despedimento por extinção do posto de trabalho fundamenta-se em motivos de mercado, estruturais ou tecnológicos (art. 367º do CT).

[2] A Lei nº 27/2014, de 8 de Maio, alterou a redacção do nº 2 do art. 368º do CT, impondo uma ordem de critérios em caso de pluralidade de postos de trabalho, com idêntico conteúdo funcional.

[3] O empregador deve enviar idêntica comunicação à comissão de trabalhadores ou, na sua falta, às comissões sindicais da empresa (nº 1 do art. 369º do CT).

Mais informamos que poderá emitir o seu parecer fundamentado no prazo de 10 dias a contar da data da presente comunicação.

Com os melhores cumprimentos.

O Administrador,

2. PEDIDO DE INTERVENÇÃO À AUTORIDADE PARA AS CONDIÇÕES DE TRABALHO[1-2]

Nome e morada do trabalhador

Exmo. Senhor
Director do Centro Local Ocidental de
Lisboa da Autoridade para as Condições
de Trabalho (ACT)
Morada

Registada com Aviso de Recepção

Local e data

ASSUNTO: **Despedimento por extinção do posto de trabalho** [3]

Exmo. Senhor Director

Venho solicitar a intervenção da ACT junto da Sociedade ... com sede em ..., nos termos e para os fins previstos no nº 2 do art. 370º do CT, pelas seguintes razões:

1. No dia ..., a Sociedade ... comunicou a necessidade de extinção do meu posto de trabalho e, em consequência, do meu despedimento.
2. Ora, não se verificam os requisitos do despedimento por extinção do posto de trabalho, nomeadamente, o previsto na alínea c) do nº 1 do art. 368º do CT.

[1] O pedido de intervenção da ACT deve de ser efectuado nos três dias seguintes à comunicação do empregador (nº 2 do art. 370º do CT).

[2] A ACT deve enviar o relatório no prazo de 7 dias a contar do requerimento.

[3] Os requisitos do despedimento por extinção do posto de trabalho estão previstos no art. 368º do CT.

3. De facto, há uma trabalhadora contratada a termo, Maria das Dores, que desempenha tarefas correspondentes ao meu posto de trabalho, o que impede o despedimento (v. alínea c) do mesmo art. 368º do CT).
4. Pelas sobreditas razões, forçoso será concluir que o meu despedimento é abusivo e ilegal.

Com os melhores cumprimentos.

Assinatura
(Cartão de cidadão nº ..., válido até ...)

3. PARECER DO TRABALHADOR[1]

Nome e morada do trabalhador

Denominação social e
morada do empregador

Registada com Aviso de Recepção

Local e data

ASSUNTO: **Despedimento por extinção do posto de trabalho** [2]

Venho, nos termos do nº 2 do art. 370º do Código do Trabalho, expressar a oposição ao meu despedimento por alegada necessidade de extinguir o meu posto de trabalho, com os seguintes fundamentos:

1. Para justificar a alegada "necessidade de extinção do posto de trabalho", a empresa limitou-se a invocar de forma genérica, "motivos de mercado, nomeadamente, a redução drástica das vendas".
2. Fê-lo, contudo, de forma vaga, sem suporte técnico que justifique o anunciado despedimento.
3. Os argumentos invocados são, na sua maioria, meras especulações, desacompanhadas de qualquer estudo ou parecer que o fundamente.
4. Também, não há qualquer referência ao motivo pelo qual se considera que a extinção do posto de trabalho é o único meio que permite atingir

[1] O trabalhador envolvido e, se este for representante sindical, a sua associação sindical, pode comunicar ao empregador o seu parecer fundamentado no prazo de 15 dias posteriores à comunicação do empregador (nº 1 do art. 370º do CT, alterado pela Lei nº 93/2019, de 4 de Setembro).
[2] Os requisitos do despedimento por extinção do posto de trabalho estão previstos no art. 368º do CT.

essa redução, isto é, o nexo causal entre os alegados motivos de mercado e a necessidade do meu despedimento.

5. Na verdade, inexistem razões sérias que justifiquem o despedimento, sendo possível a subsistência do meu contrato de trabalho.

6. Em qualquer caso, não se verificam os requisitos do despedimento por extinção do posto de trabalho, nomeadamente, o previsto na alínea c) do nº 1 do art. 368º do CT.

7. De facto, a colega Maria das Dores é contratada a termo e desempenha tarefas correspondentes ao meu posto de trabalho, o que impede o despedimento nos termos da alínea c) do nº 1 do art. 368º do CT.

8. Assim sendo, improcedem os motivos invocados para justificar o despedimento por extinção do posto de trabalho.

9. Outrossim, o despedimento violaria o disposto nas alienas b) e c) do nº 1 do art. 368º do Código do Trabalho.

Com os melhores cumprimentos.

Assinatura
(Cartão de cidadão nº ..., válido até...)

4. COMUNICAÇÃO À COMISSÃO PARA A IGUALDADE NO TRABALHO E NO EMPREGO

Denominação social e
morada do empregador

Exmo. Senhor
Presidente da Comissão para a Igualdade
no Trabalho e no Emprego (CITE)
Morada

Registada com Aviso de Recepção

Local e data

ASSUNTO: **Despedimento de trabalhadora lactante** [1]

Exmo. Senhor

Vimos remeter cópia do processo de despedimento por extinção do posto de trabalho da trabalhadora lactante N ..., após a fase das consultas prevista no art. 370º do Código do Trabalho, nos termos e para os efeitos do disposto nos nºs 3, alínea b) e 4, do art. 63º do mesmo Código.

Ficando a aguardar o parecer da CITE no prazo legal,[2] subscrevemo-nos, com os melhores cumprimentos.

O Administrador,

[1] O despedimento de trabalhadora grávida, puérpera ou lactante (v. conceitos no nº 1 do art. 36º do CT) carece de parecer prévio da CITE (nº 1 do art. 63º do CT).

[2] A CITE deve comunicar o seu parecer ao empregador e à trabalhadora no prazo de 30 dias a contar da recepção do processo (nº 1 do art. 63º do CT).

5. COMUNICAÇÃO DA DECISÃO

Denominação social e
morada do empregador

Nome e morada do trabalhador

Registada com Aviso de Recepção

Local e data

ASSUNTO: **Despedimento por extinção do posto de trabalho**[1]

Exmo. Senhor

Vimos comunicar o seu despedimento por extinção do posto de trabalho, nos termos do art. 371º e com os fundamentos seguintes:

1. Motivo da extinção de posto de trabalho

A extinção do posto de trabalho foi motivada por motivos de mercado, nomeadamente, a redução drástica das vendas, decorrente da crise económica e financeira que afecta a actividade comercial da empresa, pelas razões constantes no Anexo I da carta remetida no dia ... , que se passa a sintetizar: ...[2]

[1] A decisão de despedimento por extinção do posto de trabalho pode ser comunicada ao trabalhador após o decurso do prazo de 15 dias a contar da comunicação inicial (nº 1 do art. 371º do CT).

[2] Os motivos da extinção do posto de trabalho devem ser rigorosamente descritos.

2. Requisitos da extinção do posto de trabalho

Verificam-se os requisitos previstos no nº 1 do art. 368º do Código do Trabalho, designadamente, a inexistência de culpa do empregador e a impossibilidade da subsistência do contrato de trabalho.

Também, se verifica a condição da al. c) do mesmo preceito, uma vez que a trabalhadora contratada a termo, Maria das Dores, não desempenha as tarefas correspondentes ao posto de trabalho ora extinto.

3. Compensação [1]

Esta empresa pagará a compensação de € ..., correspondente a ... de retribuição base e diuturnidades por cada ano completo, acrescida da parte proporcional da fracção do último ano, sem prejuízo dos créditos emergentes da cessação do contrato.

A compensação e os créditos emergentes da cessação do contrato de trabalho serão pagos por transferência bancária no dia ... .[2]

[1] O trabalhador despedido por extinção do posto de trabalho tem direito à compensação correspondente a 12 dias de retribuição base e diuturnidades, por cada ano completo de antiguidade, calculada proporcionalmente em caso de fracção, a qual não poderá ser superior a 12 vezes a retribuição base mensal e diuturnidades, com o limite máximo de 240 vezes o valor da retribuição mínima mensal garantida, nos termos do art. 372º, com referência aos nºs 1 e 2 do art. 366º, ambos do CT.
Porém, se o contrato de trabalho tiver sido celebrado entre 1 de Novembro de 2011 e 30 de Setembro de 2013, o trabalhador tem direito à compensação de 20 dias de retribuição base e diuturnidades e, a partir de 1 de Outubro de 2013, a 18 dias nos três primeiros anos e 12 dias nos anos subsequentes por cada ano completo de antiguidade, calculada proporcionalmente em caso de fracção.
Se o contrato for anterior àquela data, o trabalhador manterá a compensação de um mês de retribuição base e diuturnidades até 31 de Outubro de 2012, de 20 dias de retribuição base e diuturnidades até 30 de Setembro de 2013 e, a partir de 1 de Outubro de 2013, de 18 dias nos três primeiros anos e 12 dias nos anos subsequentes, nos termos do art. 6º da Lei nº 69/2013, de 30 de Agosto.

[2] Presume-se a aceitação do despedimento se o trabalhador não devolver a compensação (art. 372º, com referência ao nº 4 do art. 366º do CT).

4. Data da cessação do contrato

O contrato de trabalho cessará no dia ..., conforme o aviso prévio previsto na al. ... do nº 3, do art. 371º do CT.[1]

Com os melhores cumprimentos.

O Administrador,

[1] O aviso prévio mínimo para os trabalhadores é o seguinte: 15 dias para o trabalhador com antiguidade inferior a 1 ano; 30 dias para o trabalhador com antiguidade de 1 a 4 anos e 364 dias; 60 dias para o trabalhador com antiguidade de 5 a 9 anos e 364 dias e 75 dias para o trabalhador com antiguidade igual ou superior a 10 anos (nº 1 do art. 363º do CT).

VIII. Processo Comum de Trabalho

1. PETIÇÃO INICIAL[1]

Exmo. Senhor
Dr. Juiz do Juízo do Trabalho de ... do Tribunal
Judicial da Comarca de ....[2]

..., solteiro, distribuidor, residente na Rua ..., titular do cartão de cidadão nº ..., válido até ..., contribuinte fiscal nº ..., com domicilio profissional em ..., vem intentar acção declarativa emergente de contrato de trabalho, com processo comum, contra ...., pessoa colectiva nº ..., com sede na ..., nos termos e com os fundamentos seguintes:

A – FACTOS

1º

O A. foi admitido para trabalhar sob a autoridade e direcção da R. no dia 1 de Dezembro de 2015 (doc. 1).

2º

Sempre exerceu as funções de distribuição de encomendas (doc. 2).

3º

Auferia a retribuição mensal de € 700,00 (doc. 3).

[1] Os requisitos da petição inicial estão previstos no art. 552º do CPC, alterado pelo Decreto-Lei nº 97/2019, de 26 de Julho, aplicável por força da alínea a) do nº 2 do art. 1º do CPT, alterado pela Lei nº 107/2019, de 9 de Setembro.

[2] A redenominação das secções em juízos foi estabelecida pelo Decreto-Lei nº 86/2016, de 27 de Dezembro, que alterou a Lei da Organização do Sistema Judiciário (LOSJ), aprovada pela Lei nº 62/2013, de 28 de Agosto, regulamentada pelo Decreto-Lei nº 49/2014, de 27 de Março e alterada pela Lei 19/2019, de 19 de Fevereiro, pelo Decreto-Lei nº 38/2019, de 18 de Março e pela Lei nº 107/2019, de 9 de Setembro.

4º

Tinha o seguinte horário de trabalho: de segunda a sexta-feira, das 9 às 13 e das 14 às 18 horas (doc. 4).

5º

O trabalho do A. era igual ao da distribuidora Alice em quantidade, natureza e qualidade. Efectivamente,

6º

Ambos executavam as mesmas tarefas de distribuição.

7º

Distribuíam, em média, o mesmo número de encomendas.

8º

Utilizavam veículos do mesmo modelo na execução do trabalho.

9º

Tinham a mesma avaliação positiva do seu desempenho.

10º

Em Janeiro de 2018, a R. aumentou, apenas, a remuneração de base da trabalhadora Alice para € 850,00 (docs. 5 a 15).

11º

No dia 30 de Setembro de 2018, o A. resolveu, por escrito, o seu contrato, através da carta de que junta cópia e dá por reproduzida (doc. 16).

B – DIREITO

12º

A resolução do contrato *sub judice* foi efectuada com justa causa, nos termos do art. 394º, nº 2, alíneas a), b) e e) do Código do Trabalho (CT).

13º

Efectivamente, o A. tinha direito a retribuição igual à da colega Alice, desde Janeiro de 2017, por força do princípio "*para trabalho igual salário igual*", consagrado no art. 59º, nº 1, al. a) da CRP.

14º

Como ensinam os Profs. Gomes Canotilho e Vital Moreira, na CRP anotada:

> **"(a)** ***a retribuição deve ser conforme à quantidade de trabalho (isto é, à sua duração e intensidade), à natureza do trabalho (isto é, tendo em conta a sua dificuldade, penosidade ou perigosidade) e à qualidade do trabalho (isto é, de acordo com as exigências em conhecimentos, prática e capacidade);***
> **(b)** ***a trabalho igual em quantidade, natureza e qualidade deve corresponder salário igual, proibindo-se desde logo as discriminações entre trabalhadores".***

15º

Parafraseando o sumário do douto Acórdão do Supremo Tribunal de Justiça, de 19 de Janeiro de 1989 (www.dgsi.pt):

> **"I – Todos os trabalhadores têm direito à retribuição do trabalho, segundo a quantidade, natureza e qualidade, observando-se o princípio de que para trabalho igual salário igual.**
> **II – A Constituição, impondo a igualdade de tratamento, fixa os critérios objectivos segundo os quais será permitida uma diferenciação desse tratamento. Deste modo, para ser constitucionalmente legal uma diferenciação, necessário se torna uma justificação conforme os critérios ali objectivamente fixados".**

16º

Assim sendo, tem o A. direito à indemnização prevista no nº 1 do art. art. 396º, do CT, no montante de **€ 2.550,00** (3 meses x € 850,00).

17º

Como tem direito às sobreditas diferenças salariais de Janeiro a Setembro de 2018, no total de **€ 1.350,00** (9 meses x € 150,00).

18º

Deste modo, o A. tem direito à retribuição de férias e aos subsídios de férias e de Natal respeitantes ao trabalho prestado no ano de 2018, na parte proporcional, no total de **€ 1.912,50** (9/12 x 850,00 x 3).

19º

Os créditos do A. emergentes do contrato de trabalho e da sua cessação somam a quantia de **€ 5.812,50**, acrescida de juros à taxa legal de 4%, até integral pagamento.

C – PEDIDO

Nestes termos e nos melhores de direito, deve ser julgada procedente, por provada, a presente acção e a R. condenada a pagar ao A. a quantia de **€ 5.812,50** (extenso), acrescida de juros à taxa legal de 4%, até integral pagamento e ainda as custas e procuradoria.

Para tanto, requer a citação da R. para comparecer na audiência de partes, nos termos do art. 54º, nºs 2,3 e 4 do CPT, seguindo-se a ulterior tramitação legal.

D – REQUERIMENTO PROBATÓRIO [1]

TESTEMUNHAS:

1ª – A ..., estado civil, profissão, residente na Rua ..., titular do cartão de cidadão nº ..., válido até ..., contribuinte fiscal nº ... ;

[1] O requerimento probatório e os documentos devem ser juntos com os articulados (nº 1 do art. 63º do CPT).

2ª – B ... e
3ª – C .... .

Finalmente, requer:

a. o depoimento do legal representante da R. sobre os arts. 1º a 11º, nos termos dos arts. 452º e seguintes do CPC.;
b. a notificação da R. para apresentar cópia das "avaliações" do A. e da distribuidora Alice para prova do art. 9º e
c. a gravação da audiência de julgamento.

Valor: **€ 5.812,50** (extenso).
Junta 16 documentos e procuração forense.[1]

O advogado,

[1] **Pagamento de taxa de justiça**
O responsável pelo prévio pagamento da taxa de justiça deve indicar, em campo próprio dos formulários constantes do sistema informático, a referência que consta do documento único de cobrança (DUC), encontrando-se dispensado de o juntar ao processo (art. **9º da Portaria nº 280/2013, de 26** de Agosto, com a redacção introduzida pela Portaria 170/2017, de 25 de Maio).

2. CONTESTAÇÃO[1]

Tribunal Judicial da Comarca de ...
Juízo do Trabalho de ... – Juiz ...
Proc. nº ...
V/Refª. ...

Contestando e reconvindo na acção declarativa, com processo comum, que lhe move

...,

diz

... :

A – IMPUGNAÇÃO

A-1. Quanto aos factos

1º

É verdadeira a factualidade alegada nos arts. 1º a 4º, 6º, 8º, 10º e 11º da petição inicial. Diferentemente,

2º

O trabalho do A. não era igual ao da distribuidora Alice em quantidade e qualidade. Assim,

3º

No ano de 2006, esta distribuiu mais 20% de encomendas do que o A. (doc. 1).

[1] A contestação deve ser apresentada no prazo de 10 dias a contar da notificação do réu, se não houver acordo na audiência de partes (al. a) do art. 56º do CPT).

4º

As avaliações de desempenho do A. têm uma classificação inferior às da colega Alice (docs. 2 e 3).

5º

Nos dias 5 de Maio e 17 de Julho de 2018, o cliente Banco ... queixou-se junto da R. por atrasos anormais na entrega das encomendas (docs. 4, 5 e 6).

6º

A R. reconhece, apenas, a falta de pagamento da retribuição de férias e dos subsídios de férias e de Natal respeitantes ao trabalho prestado em 2008, no montante de € 1.912,50 ($\frac{9}{12}$ x 600,00 = 450,00 x 3). Porém,

7º

Esta quantia sempre esteve à disposição do A., que se recusou a recebê-la.

A-2. Quanto ao direito

8º

Não foi violado o princípio constitucional "**para trabalho igual salário igual**".

9º

Segundo o princípio da igualdade de tratamento, as situações desiguais devem ser tratadas de forma desigual!

10º

Efectivamente, como bem decidiu o Tribunal Constitucional, no seu Acórdão de 6 de Junho de 1990 (BMJ 398-82):

"O princípio de igualdade proíbe a adopção de medidas que estabeleçam distinções discriminatórias, ou seja, desigualdade de tratamento

materialmente infundada, sem qualquer fundamento razoável ou sem qualquer justificação objectiva e racional".

11º

Ora, no caso vertente, há razões objectivas e racionais que legitimam a diferenciação de tratamento.

12º

Consequentemente, não se pode deixar de concluir que a resolução do contrato do A. foi efectuada **sem justa causa**.

13º

Deste modo, se impugna, especificadamente, o articulado do A..

B – RECONVENÇÃO

14º

Pelas razões expostas, a resolução do contrato foi efectuada sem justa causa.

15º

Outrossim, não foi observado o aviso prévio de 60 dias, previsto no art. 400º, nº 1, do CT.

16º

Deste modo, tem a R. direito à indemnização de € 1.700,00 nos termos do art. 401º, do CT).

Nestes termos e nos melhores de direito, deve

a) ser julgada improcedente, por não provada, a acção e a R. absolvida do pedido;

b) ser julgada procedente, por provada, a reconvenção e o A. condenado a pagar à R. a quantia de € 1.700,00 (mil e setecentos euros), com as legais consequências e
c) ser condenado o A. no pagamento das custas e procuradoria.

D – REQUERIMENTO PROBATÓRIO

TESTEMUNHAS:

1ª – A ..., estado civil, profissão, residente na Rua ..., titular do cartão de cidadão nº ..., válido até ..., contribuinte fiscal nº ... ;

2ª – B ... e

3ª – C ...

Finalmente, requer:

a. o depoimento do A. sobre os arts. 3º a 5º desta contestação, nos termos dos arts. 452º e seguintes do CPC e
b. a gravação da audiência de julgamento.

Valor da reconvenção: € 1.700,00 (extenso).
Junta 6 documentos[1] e procuração forense[2].

O Advogado,

[1] Os documentos devem ser juntos com os articulados (nº 1 do art. 63º do CPT).

[2] **Pagamento de taxa de justiça**
O responsável pelo prévio pagamento da taxa de justiça deve indicar, em campo próprio dos formulários constantes do sistema informático, a referência que consta do documento único de cobrança (DUC), encontrando-se dispensado de o juntar ao processo (Artigo 9º da Portaria nº 280/2013, de 26/8, com a redacção introduzida pela Portaria 170/2017, de 25/5).

3. RESPOSTA À CONTESTAÇÃO[1-2]

Tribunal Judicial da Comarca de ...
Juízo do Trabalho de ... – Juiz ...
Proc. nº ...
V/Refª. ...

Respondendo à reconvenção
deduzida pela R. **...**
na acção declarativa, com processo comum,
diz o A. **...** :

1º

A resolução do contrato foi efectuada com justa causa pelas razões já expendidas na petição inicial.

2º

Por isso, o reconvindo podia fazer cessá-lo, *imediatamente*, sem qualquer aviso prévio, nos termos do disposto no nº 1, do art. 394º, do CT.

3º

Assim sendo, improcede, totalmente, o pedido reconvencional.

O Advogado,

[1] O prazo para o autor responder à reconvenção é de 15 dias, se o valor da causa exceder a alçada do tribunal (nº 1 do art. 60º do CPT, alterado pela Lei nº 107/2019, de 9 de Setembro).
[2] A resposta deve ser notificada ao mandatário judicial da contraparte (art. 221º do CPC, alterado pela Lei nº 107/2019, de 9 de Setembro).

4. REQUERIMENTO DE JUNÇÃO DE DOCUMENTOS[1]

Tribunal Judicial da Comarca de ...
Juízo do Trabalho de ... – Juiz ...
Proc. nº ...

Exmos. Senhor
Dr. Juiz

..., A. nos autos de acção declarativa, com processo comum, em que é R. **...**, vem, atento o princípio da verdade material, requerer a V. Exa. a junção de fotografias dos veículos automóveis usados pelo ora requerente e pela sua colega Alice para prova do art. 10º da petição inicial, os quais, só agora, logrou obter, por não ter tido acesso aos mesmos.

Junta dois documentos.

O Advogado,

[1] Os documentos devem ser juntos com os articulados, sob pena de condenação em multa se não provar a impossibilidade dessa junção (art. 423º do CPC).

5. REQUERIMENTO SOBRE JUNÇÃO DE DOCUMENTOS[1]

Tribunal Judicial da Comarca de ...
Juízo de Trabalho de ... – Juiz ...
Proc. nº ...
V/Refª. ...

Exmo. Senhor
Dr. Juiz

..., A. nos autos de acção declarativa, com processo comum, em que é R. ...., vem pronunciar-se sobre as três fotocópias juntas pela R. na última sessão do dia ..., nos termos seguintes:

1. Os documentos em apreço são meras fotocópias que nem sequer estão datadas.
2. A A. não sabe nem tem obrigação de saber o que significam as expressões dactilografadas em língua inglesa (...).[2]
3. Em qualquer caso, a A. reitera a falsidade de quaisquer "relatórios" sobre inventadas vendas de produtos, que nunca promoveu nem realizou!
4. Pelo exposto, a requerente opõe-se à intempestiva junção das fotocópias, que ora impugna, devendo a R. ser condenada em multa pelo incidente anómalo.

O Advogado,

[1] Se os documentos forem juntos com o último articulado ou depois dele, a parte contrária será notificada para se pronunciar (art. 427º do CPC).

[2] Quando os documentos são escritos em língua estrangeira, que careçam de tradução, o juiz ordena a junção desta, oficiosamente ou a requerimento das partes (nº 1 do art. 134º do CPC).

6. REQUERIMENTO DE IMPUGNAÇÃO DO VALOR DA CAUSA[1]

Tribunal Judicial da Comarca de ...
Juízo do Trabalho de ... – Juiz ...
Proc. nº ...
V/Refª. ...

Exmo. Senhor
Dr. Juiz

..., R. nos autos de acção declarativa, com processo comum, em que é A. **...**, vem impugnar o valor da causa nos termos do nº 1 do art. 305º do CPC, aplicável por força do disposto na al. a) do nº 2 do art. 1º do CPT, com os seguintes fundamentos:

1. A R. opõe-se à alteração do valor constante da petição inicial, que foi fixado nos termos do nº 1 do art. 297º, ao arrepio do critério previsto no nº 1 do art. 303º, ambos do CPC.
2. Efectivamente, estão em causa interesses imateriais, nomeadamente, a reintegração do A.
3. De resto, a al. a) do art. 79º do CPT garante sempre o recurso para a Relação, "*nas acções em que esteja em causa a determinação da categoria profissional, o despedimento do trabalhador, por iniciativa do empregador, independentemente da sua modalidade, a reintegração do trabalhador na empresa e a validade ou subsistência do contrato de trabalho*".
4. Pelo exposto, oferece o valor de € ..., em substituição do valor indicado na petição inicial.

O Advogado,

[1] A verificação do valor da causa é regulada pelos arts. 296º a 310º do CPC.

7. REQUERIMENTO DE DESENTRANHAMENTO DE RESPOSTA

Tribunal Judicial da Comarca de ...
Juízo do Trabalho de ... – Juiz ...
Proc. nº ...
V/Refª. ...

Exmo. Senhor
Dr. Juiz

..., A. nos autos de acção declarativa, com processo comum, à margem referenciados, tendo sido notificado de novo "requerimento" da R. ..., vem requerer o seu desentranhamento, com os seguintes fundamentos:

1. A R. requereu a junção de fotocópias que nem sequer estavam datadas.
2. O A. opôs-se à requerida junção, requerendo o seu desentranhamento, no exercício do seu inquestionável direito de as impugnar.
3. Diferentemente, a R. não tem o direito de se pronunciar sobre a impugnação dos seus "documentos", ademais, repetindo anterior argumentação.
4. Doutro modo, arrastar-se-ia o processo, ao arrepio do princípio da celeridade.
5. Pelo exposto, deve ser desentranhada a "resposta" da R., condenando--a, pelo incidente anómalo.

O Advogado,

8. RECLAMAÇÃO CONTRA O DESPACHO SOBRE OS TEMAS DA PROVA

Tribunal Judicial da Comarca de ...
Juízo do Trabalho de ... – Juiz ...
Proc. nº ...
V/Refª. ...

Exmo. Senhor
Dr. Juiz

..., R. nos autos de acção declarativa emergente de contrato de trabalho, com processo comum, em que é A. ..., vem reclamar do despacho que fixou os temas da prova, nos termos do nº 2 do art. 596º do CPC, aplicável por força da al. a) do nº 2 do art. 1º do CPT, com os seguintes fundamentos:

1. O despacho omite o tema da prova alegado no art. 3º da contestação.
2. Ora, tal matéria de facto é relevante para a boa decisão da causa, uma vez que, a ser provada, improcederia o pedido do A., assente na pretensa igualdade do seu trabalho com a distribuidora Alice.
3. Pelo exposto, deve ser aditado o tema da prova indicado em 1..

O Advogado,

9. REQUERIMENTO DE ALTERAÇÃO DO ROL DE TESTEMUNHAS[1]

Tribunal Judicial da Comarca de ...
Juízo do Trabalho de ... – Juiz ...
Proc. nº ...

Exmo. Senhor
Dr. Juiz

..., A. nos autos de acção declarativa, com processo comum, em que é R. .... vem alterar o seu **ROL DE TESTEMUNHAS**, nos termos do nº 2 do art. 63º do CPT, nos termos seguintes:

1ª – A ..., estado civil, profissão, residente na Rua ..., titular do cartão de cidadão nº ..., válido até ..., contribuinte fiscal nº ...;
2ª – B ... e
3ª – C ... .

Mais requer que a primeira testemunha seja inquirida através de teleconferência no Tribunal Judicial da Comarca da área da sua residência, nos termos do art. 67º do CPT, em virtude de residir fora da área de competência territorial desse Tribunal.

O Advogado,

[1] O rol de testemunhas deve ser apresentado com os articulados, mas pode ser alterado ou aditado até 20 dias antes da audiência final, podendo a parte contrária usar de igual faculdade no prazo de 5 dias a contar da notificação da alteração (nº 2 do art. 63º do CPT).

10. REQUERIMENTO DE ARGUIÇÃO DE NULIDADE[1]

Tribunal Judicial da Comarca de ...
Juízo do Trabalho de ... – Juiz ...
Proc. nº ...
V/Refª. ...

Exmo. Senhor
Dr. Juiz

...., R. nos autos de acção declarativa, com processo comum, em que é A. ..., vem arguir a nulidade da sentença, nos termos do art. 77º do CPT e das alíneas b) e d) do nº 1 do art. 615º do CPC, com os seguintes fundamentos:

1. A sentença não especifica os fundamentos de facto da decisão.
2. Outrossim, o Tribunal não se pronunciou sobre a desigualdade do trabalho do A., nomeadamente, os factos alegados nos arts. 3º e 4º da sua contestação, que são essenciais para a boa decisão da causa.
3. A falta de especificação dos fundamentos e a omissão de pronúncia são causa de nulidade da sentença, nos termos das alíneas b) e d) do nº 1 do art. 615º do CPC.

O Advogado,

[1] À arguição de nulidade da sentença é aplicável o regime previsto nos arts. 615º e 617º do CPC (art. 77º do CPT, alterado pela Lei nº 107/2019, de 9 de Setembro).

IX. Processo Especial de Impugnação do Despedimento

1. FORMULÁRIO

S. R.

MINISTÉRIOS DA JUSTIÇA E DO TRABALHO E DA SOLIDARIEDADE SOCIAL

Formulário

(artigos 98.º-C e 98.º-D do Decreto-Lei n.º 295/2009, de 13 de Outubro)

Nome ____________________

Morada ____________________ CP ______-____

B. I./Cartão do Cidadão __________ Emitido em: __________ Por: __________

NIF: __________

Função/Categoria __________ Data do Despedimento __________

OPÕE-SE AO DESPEDIMENTO PROMOVIDO POR:

Firma/Nome ____________________

Sede/Morada ____________________ CP ______-____

NIPC/NIF __________

PELO QUE REQUER A V/EXA. SEJA DECLARADA A ILICITUDE OU A IRREGULARIDADE DO MESMO, COM AS LEGAIS CONSEQUÊNCIAS.

Local e Data __________ Assinatura __________

Junta: Decisão de despedimento

Nota: Todos os campos do formulário são de preenchimento obrigatório

2. ARTICULADO DO EMPREGADOR[1]

Tribunal Judicial da Comarca de ...
Juízo do Trabalho de ... – Juiz ...
Proc. nº ...
V/Refª. ...

Exmo. Senhor
Dr. Juiz

HIPERFORTE, SERVIÇOS COMERCIAIS, S.A., ... pessoa colectiva nº ..., com sede na ..., R. nos autos de acção de impugnação da regularidade e licitude do despedimento, em que é A. JOÃO AFONSO PORTUGAL, vem apresentar o seu **ARTICULADO**, nos termos e com os fundamentos seguintes:

A – OS FACTOS

1º

O A. foi admitido para trabalhar sob a autoridade e direcção da R., como vendedor, no dia 1 de Dezembro de 2015 (doc. 1).

2º

Ultimamente, auferia a retribuição ilíquida de € 1.700,00, acrescida de um subsídio de refeição de € 8,00 por cada dia de trabalho prestado (doc. 2).

3º

O A. estava isento de horário de trabalho.

[1] O articulado do empregador do processo especial de impugnação da regularidade e licitude do despedimento está previsto na alínea a) do nº 4 do art. 98º-I e no art. 98º-J, ambos do CPT.

4º

O despedimento do A. foi precedido de processo disciplinar, que se junta e aqui dá por reproduzido (doc. 1).

5º

No dia 15 de Agosto de 2018, a R. remeteu ao A. a nota de culpa, de que se junta cópia e dá por reproduzida.

6º

Concluída a instrução, designadamente, a inquirição das testemunhas do A., foram considerados provados pela arguente, ora R., os factos constantes da nota de culpa, que se transcreve:

> *"1 – No dia 30 de Julho de 2018, pelas 12.15 horas, o arguido irrompeu no escritório da arguente e, dirigindo-se ao Administrador Alberto Rosa, gritou, repetidamente, em voz alta:* ***"Você é um vigarista".***
> *2 – O arguido agiu livre, voluntária e conscientemente, bem sabendo que a sua conduta era ilícita e sancionada disciplinarmente".*

7º

No dia de 30 de Setembro de 2018, a R. comunicou ao A. o seu "*despedimento imediato, com justa causa, pelas razões constantes do relatório final do processo disciplinar, que aqui se dá por reproduzidas*" (doc. 1).

8º

A R. pagou ao A., as retribuições, subsídios de férias e de Natal emergentes da cessação do contrato, nada lhe devendo (doc. 2).

A – QUANTO AO DIREITO

9º

O comportamento infraccional do A. consubstancia violação dolosa e grave do dever de respeito e urbanidade, previsto na alínea a), do nº 1 do art. 128º do CT.

10º

A R. despediu o A. com justa causa, tal como é definida pelo nº 1 do art. 351º do CT, que se transcreve: "**Constitui justa causa de despedimento o comportamento culposo do trabalhador que, pela sua gravidade e consequências, torne imediata e praticamente impossível a subsistência da relação de trabalho**".

11º

Segundo a alínea i) nº 2 do art. 351º do CT, constitui, designadamente, justa causa de despedimento a "**prática, no âmbito da empresa, de violências físicas, injúrias ou outras ofensas punidas por lei sobre trabalhador da empresa, elemento dos corpos sociais ou empregador individual não pertencente a estes, seus delegados ou representantes**".

12º

A exigência de justa causa disciplinar implica a verificação cumulativa dos seguintes requisitos:

a) comportamento culposo do trabalhador;
b) impossibilidade de subsistência da relação laboral e
c) nexo de causalidade entre aqueles dois requisitos.

13º

O comportamento culposo do trabalhador é aferido pelos critérios civilísticos, segundo os quais

> **"a culpa é apreciada, na falta de outro critério legal, pela diligência de um bom pai de família, em face das circunstâncias de cada caso"** (nº 2 do art. 487º do Código Civil).

14º

O comportamento infraccional do A., provado no processo disciplinar, é manifestamente culposo, porquanto o A. violou, consciente e deliberadamente, o dever de respeito para com o Administrador da R. Alberto Rosa.

15º

Nas palavras do Prof. Dr. Pedro Romano Martinez:

> **"Feita a prova da conduta ilícita do trabalhador, presume-se que a sua actuação foi culposa, nos termos do art. 799º do CC. Sendo o trabalhador devedor de uma prestação, que não cumpriu, violando um dever principal, secundário ou acessório da relação laboral, cabe-lhe provar que a falta de cumprimento ou o cumprimento defeituoso da obrigação não procede de culpa sua (art. 799º, nº 1, do CC). O empregador fica dispensado de provar a culpa do trabalhador se demonstrou que este praticou um facto ilícito" *(Da Cessação do Contrato, Almedina, 2005, pág. 472).***

16º

Por outro lado, afigura-se, de todo, inaceitável, que, na sequência de tão grave e culposo comportamento, a R. fosse obrigada a manter o vínculo laboral que a ligava ao A.

17º

Pelo contrário, é patente a impossibilidade de subsistência daquela relação laboral por não ser razoável exigir da R. que mantivesse o A. ao seu serviço depois da quebra de confiança verificada, ademais, tratando-se de uma pequena empresa.

18º

Como ensina a Profª. Dra. Maria do Rosário Palma Ramalho,

> **"O requisito da impossibilidade de subsistência do vínculo laboral deve ser reconduzido à ideia de inexigibilidade, para a outra parte, da manutenção do contrato, e não apreciado como uma impossibilidade objectiva" (*Direito do Trabalho*, Parte II – Situações Laborais Industriais, Almedina, pág. 810).**

19º

As consequências directas do comportamento culposo do A. que impossibilitam a *"subsistência da relação de trabalho"*, consistem numa irremediável e irreparável quebra de confiança, por terem destruído, inevitavelmente, o suporte psicológico mínimo para o desenvolvimento da relação de trabalho.

20º

A título meramente exemplificativo, cita-se os seguintes sumários de Acórdãos sobre a justa causa de despedimento:

1 – Acórdão do STJ, de 5 de Maio de 2005:

> **"5. Constitui justa causa de despedimento a afirmação proferida por uma trabalhadora, dirigindo-se à sócia-gerente da empresa, de modo exaltado, e na presença de outros trabalhadores, de que "a senhora é uma mentirosa".**
> **6. Uma tal expressão é ofensiva da honra e consideração da legal representante da entidade patronal, violando também os deveres de respeito e urbanidade devidos à mesma.**
> **7. Um tal comportamento, passível de elevado grau de censura, compromete irremediavelmente a manutenção da relação laboral"** (www.dgsi.pt).

2 – Acórdão do STJ, de 27 de Janeiro de 2005:

> **"5. Existirá impossibilidade prática de subsistência da relação laboral quando, nas circunstâncias concretas, a manutenção do contrato e das relações pessoais e patrimoniais que ele importa sejam de molde a afectar a sensibilidade e a liberdade psicológica de uma pessoa normal colocada em posição do empregador"** (www.dgsi.pt).

21º

Não há dúvida que o comportamento infraccional do arguido consubstancia uma intolerável e flagrante violação do dever de respeito e urbanidade previsto na al. a), do nº 1, do art. 128º do CT, passível da máxima sanção disciplinar.

22º

Por mera cautela, invoca a responsabilidade do Estado pelo pagamento de retribuições intercalares previsto no nº 1 do art. 98º-N, bem como as deduções previstas no art. 98º-O, ambos do CPT.

C – PEDIDO

Nestes termos e nos melhores de direito, deve ser julgada improcedente a presente acção declarando-se a regularidade e licitude do despedimento do A., com as legais consequências.

D – REQUERIMENTO PROBATÓRIO[1]

TESTEMUNHAS:[2]

1ª – A ..., estado civil, profissão, residente na Rua ..., titular do cartão de cidadão nº ..., válido até ..., contribuinte fiscal nº ... ;

2ª – B ... e

3ª – C ... .

[1] O rol das testemunhas deve ser apresentado com os articulados, mas pode ser alterado ou aditado até 20 dias antes da audiência final, podendo a parte contrária usar de igual faculdade no prazo de 5 dias a contar da notificação da alteração (nº 2 do art. 63º do CPT).

[2] A R. só pode arrolar 10 testemunhas neste articulado. Porém, nas acções de valor não superior à alçada do tribunal de primeira instância o limite do rol de testemunhas é reduzido para metade (art. 64º do CPT, alterado pela Lei nº 107/2019, de 9 de Setembro).

Finalmente requer:

a) o depoimento do A. sobre os factos descritos no art. 6º, nos termos dos arts. 452º e seguintes do CPC e
b) a gravação da audiência de julgamento.

Valor: € 2.000,00 (extenso).[1]
Junta 1 documento (processo disciplinar) e procuração forense.[2]

O Advogado,

[1] O valor da causa é fixado nos termos do nº 1 do art. 98º-P do CPT, com referência à alínea e) do nº 1 do art. 12º do Regulamento das Custas Processuais, sem prejuízo da fixação a final pelo juiz, segundo os critérios do nº 2 do mesmo artigo do CPT.

[2] **Pagamento de taxa de justiça**
O responsável pelo prévio pagamento da taxa de justiça deve indicar, em campo próprio dos formulários constantes do sistema informático, a referência que consta do documento único de cobrança (DUC), encontrando-se dispensado de o juntar ao processo (Artigo 9º da Portaria nº 280/2013, de 26/8, com a redacção introduzida pela Portaria 170/2017, de 25/5).

3. CONTESTAÇÃO[1]

Tribunal Judicial da Comarca de ...
Juízo do Trabalho de ... – Juiz ...
Proc. nº ...
V/Refª. ...

Exmo. Senhor
Dr. Juiz

Contestando e reconvindo na acção de impugnação judicial da regularidade e licitude do despedimento em que é R.
HIPERFORTE, SERVIÇOS COMERCIAIS, S.A.,
diz
JOÃO AFONSO PORTUGAL:

A – IMPUGNAÇÃO

A.1 – Factos

1º

São verdadeiros os factos alegados nos arts. 1º a 5º do articulado da R. Diferentemente,

2º

O A. não proferiu a frase que lhe é imputada no art. 6º. Na realidade,

[1] O trabalhador tem o prazo de 15 dias para apresentar a contestação a contar da notificação do articulado de motivação do empregador (art. 98º-L do CPT, alterado pela Lei nº 107/2019, de 9 de Setembro).

3º

Houve uma discussão entre o A. e o Administrador da R., Alberto Rosa, por causa da falta de pagamento da retribuição específica da isenção do horário de trabalho. De facto,

4º

O A. não recebia qualquer retribuição pela isenção do horário de trabalho desde a data da sua admissão (docs. 1 a 60).

5º

Confrontado com a reiterada recusa da R., o A. limitou-se a comentar que a R. estava a praticar uma "vigarice".

6º

O A. não quis ofender a honra nem a dignidade do Administrador Alberto Rosa.

7º

O A. sempre respeitou os administradores, superiores hierárquicos e colegas de trabalho da R.

8º

Nunca sofreu qualquer sanção disciplinar. Pelo contrário,

9º

Sempre exerceu a sua actividade com correcção, diligência e zelo, tendo sido expressamente elogiado pela sua conduta profissional.

A.2 – Direito

10º

O despedimento do A. é ilícito. Efectivamente,

11º

No caso *sub judice*, não se verificam os requisitos da justa causa de despedimento, previstos no art. 351º do CT.

12º

Citando o Acórdão do STJ, de 27 de Maio de 1998 (www.dgsi.pt):

" ... a existência de justa causa de despedimento exige a verificação cumulativa dos seguintes requisitos:

1) ***um, de natureza subjectiva, traduzido num comportamento culposo do trabalhador;***
2) ***outro, de natureza objectiva, que se traduz na impossibilidade de subsistência da relação de trabalho;***
3) ***existência de nexo de causalidade entre aquele comportamento e esta impossibilidade de subsistência da relação laboral".***

13º

O A. não praticou qualquer acto doloso ou culposo que consubstanciasse a violação dos seus deveres laborais.

14º

Muito menos teve um comportamento que, pela sua gravidade e consequências, impossibilitasse, de todo, a continuidade da relação laboral.

15º

O A. não agiu com "*animus injuriandi*".

16º

O A. limitou-se a expressar a sua indignação pela reiterada violação do seu direito à retribuição garantida no nº 1 do art. 265º do CT.

17º

Citando o Prof. António Monteiro Fernandes, não se verifica "***uma impossibilidade prática (equivalente à inexistência ou inadequação pratica de medida alternativa à extinção do vínculo, isto é, da inexigibilidade, nas circunstâncias concretas, do prosseguimento da relação laboral***" (Direito do Trabalho, 12ª Edição, Almedina, pág. 554).

18º

É, assim, evidente que não se verificam os requisitos objectivos nem subjectivos da justa causa de despedimento.

19º

O art. 53º da Constituição da República Portuguesa garante aos trabalhadores a segurança no emprego, proibindo os despedimentos sem justa causa.

20º

Consequentemente, forçoso será concluir pela inexistência de justa causa e consequente ilicitude do despedimento do A. (al. b) do art. 381º do CT).

21º

Deste modo, o A. tem direito à indemnização por todos os danos patrimoniais e não patrimoniais causados, bem como à reintegração no mesmo estabelecimento da R., sem prejuízo da sua categoria e antiguidade (nºs 1 e 2 do art. 389º do CT).

22º

Como tem direito à retribuição que deixou de auferir desde 1 de Outubro de 2018 até ao trânsito em julgado da sentença (nº 1 do art. 390º do CT).

23º

Tem ainda direito a optar pela indemnização em substituição da reintegração (nº 1 do art. 391º do CT).

B – RECONVENÇÃO[1]

B.1 – Retribuição por isenção de horário de trabalho

24º

Foi acordado que a R. pagaria ao A. a retribuição mensal de € 250,00 pela isenção do horário de trabalho.

25º

O A. sempre desempenhou as suas funções sem observância do período normal de trabalho. Contudo,

26º

A R. nunca pagou ao A. a retribuição acordada, nos termos da alínea a) do nº 1 do art. 265º do CT (docs. 1 a 60). Assim,

27º

O A. tem direito à quantia de € 8.750,00 (35 meses x € 250,00) pela referida isenção. Por outro lado,

B.2 – Indemnização por danos não patrimoniais

28º

O A. foi suspenso preventivamente no dia 30 de Julho de 2018.

29º

Esta injustificada inactividade, imputável à R., violou o seu direito à ocupação efectiva, garantido na al. b) do nº 1 do art. 129º do CT.

[1] O trabalhador pode deduzir reconvenção nos termos do nº 2 do art. 266º do CPC, bem como peticionar créditos emergentes do contrato de trabalho, da sua violação ou da sua cessação (nº 3 do art. 98º-L do CPT, alterado pela Lei nº 107/2019, de 9 de Setembro).

30º

A suspensão preventiva e o ulterior despedimento causaram ao A. profunda angústia.

31º

O A. sentiu-se profundamente vexado perante os outros trabalhadores e demais pessoas com quem se relacionava diariamente.

32º

A R. lesou a dignidade e a reputação do A., bem como a sua vida pessoal e profissional, com graves consequências para a sua saúde.

33º

O A. passou a sofrer de ansiedade e depressão, com insónias frequentes.

34º

Teve de recorrer a apoio médico e tomar medicamentos.

35º

O A. deve ser indemnizado pelos aludidos danos não patrimoniais causados pela R..

36º

Pelo exposto, tem direito à indemnização de **€ 25.000,00**, nos termos da al. a) do nº 1 do art. 389º do CT.

C – PEDIDO

Nestes termos e nos melhores de direito, deve:

a) ser julgada procedente, por provada, a presente acção de impugnação da regularidade e licitude do despedimento e, consequentemente,

(1) ser declarada a ilicitude do despedimento do A;
(2) ser condenada a R. a reintegrar o A., sem prejuízo da sua categoria profissional e antiguidade;
(3) ser condenada a R. a pagar ao A. as retribuições que deixou de auferir desde 1 de Outubro de 2018 até ao trânsito em julgado da sentença, sem prejuízo do disposto no art. 98º-N, nºs 1 a 3, do CPT;

b) ser julgada procedente, por provada, a reconvenção e, consequentemente, ser a R. condenada a pagar:
(1) a quantia de **€ 8.750,00**, a título de retribuições vencidas por isenção de horário de trabalho, acrescida de juros de mora à taxa legal, sem prejuízo das vincendas;
(2) a quantia de **€ 25.000,00**, a título de indemnização por danos não patrimoniais e
(3) as custas e procuradoria.

D – REQUERIMENTO PROBATÓRIO [1]

TESTEMUNHAS:[2]

1ª – A ..., estado civil, profissão, residente na Rua ..., titular do cartão de cidadão nº ..., válido até ..., contribuinte fiscal nº ... ;

2ª – B ... e

3ª – C ... .

[1] O rol de testemunhas deve ser apresentado com os articulados, mas pode ser alterado ou aditado até 20 dias antes da audiência final, podendo a parte contrária usar de igual faculdade no prazo de 5 dias a contar da notificação da alteração (nº 2 do art. 63º do CPT).

[2] O A. pode arrolar 10 testemunhas para a acção e mais 10 para a reconvenção, embora esteja limitado a três por cada facto. Porém, nas acções de valor não superior à alçada do tribunal de primeira instância o limite do rol de testemunhas é reduzido para metade (art. 64º do CPT, alterado pela Lei nº 107/2019, de 9 de Setembro).

Finalmente, requer:

- **a.** o depoimento do legal representante da R. sobre os arts. 2º a 9º nos termos dos arts. 452º e seguintes do CPC;
- **b.** a notificação da R. para juntar os seguintes documentos:
  (1) registo disciplinar do A. para prova do 8º;
  (2) processo individual do A. para prova do art. 9º e
- **c.** a gravação da audiência de julgamento.

Valor da reconvenção: € 33.750,00 (extenso).

Junta 60 documentos.[1]

Protesta juntar outra documentação para prova dos arts. 33º e 34º.

O Advogado,

[1] **Pagamento de taxa de justiça**
O responsável pelo prévio pagamento da taxa de justiça deve indicar, em campo próprio dos formulários constantes do sistema informático, a referência que consta do documento único de cobrança (DUC), encontrando-se dispensado de o juntar ao processo (artigo 9º da Portaria nº 280/2013, de 26/8, com a redacção introduzida pela Portaria 170/2017, de 25/5).

4. RESPOSTA À CONTESTAÇÃO[1]

Tribunal Judicial da Comarca de ...
Juízo do Trabalho de ... – Juiz ...
Proc. nº ...
V/Refª. ...

Exmo. Senhor
Dr. Juiz

HIPERFORTE, SERVIÇOS COMERCIAIS, S.A., R. nos autos de acção de impugnação da regularidade e licitude do despedimento, em que é A. JOÃO AFONSO PORTUGAL, vem apresentar a sua **RESPOSTA**, nos termos e com os fundamentos seguintes:

A – DA ISENÇÃO DO HORÁRIO DE TRABALHO

1º

É verdade que havia flexibilidade no cumprimento do horário de trabalho, a pedido do A. .

2º

Em qualquer caso, o A. tinha de observar o período normal de trabalho acordado.

3º

Também, não foi celebrado qualquer acordo escrito, como exige o nº 1 do art. 218º do CT. De resto,

[1] O prazo para o empregador responder à reconvenção é de 15 dias (nº 4 do art. 98º-L do CPT, alterado pela Lei nº 107/2019, de 9 de Setembro).

4º

A eventual retribuição específica reclamada pelo A. já estava incluída na quantia referida no art. 2º do articulado da R..

B – DA INDEMNIZAÇÃO POR DANOS NÃO PATRIMONIAIS.

5º

A R. suspendeu preventivamente o A. no uso da faculdade prevista no nº 1 do art. 354º do CT.

6º

O procedimento disciplinar foi efectuado com observância das formalidades previstas nos arts. 353º a 357º do CT.

7º

Outrossim, o despedimento do A. foi licitamente decidido, com respeito pelos critérios no nº 3 do art. 351º do CT. Por mera cautela,

8º

A R. não sabe se são reais os factos alegados nos arts. 31º a 34º da reconvenção.

9º

Pelo exposto, deve ser julgada improcedente a reconvenção deduzida pelo A., com as legais consequências.

TESTEMUNHAS:[1]

1ª – A ..., estado civil, profissão, residente na Rua ..., titular do cartão de cidadão nº ..., válido até ..., contribuinte fiscal nº ... ;

[1] A R. pode arrolar mais 10 testemunhas para a resposta à reconvenção, embora esteja limitada a três por cada facto (arts. 64º, nº 2 e 65º do CPT, alterado pela Lei nº 107/2019, de 9 de Setembro).

2ª – B ... e

3ª – C ... .

O Advogado,

X. Recursos

1. REQUERIMENTO DE INTERPOSIÇÃO DO RECURSO DE APELAÇÃO [1-2-3]

Tribunal Judicial da Comarca de ...
Juízo do Trabalho de ... – Juiz ...
Proc. nº ...
V/Refª. ...

Exmo. Senhor
Dr. Juiz

..., R. nos autos de acção declarativa, com processo comum, em que é A. ..., não se conformando com a sentença de fls. ... que a condenou a pagar a quantia de ..., dela vem interpor recurso de apelação para o Tribunal da Relação de ...,[4] o qual deverá subir, imediatamente, nos próprios autos.

Assim, pretendendo que ao recurso interposto seja atribuído efeito suspensivo, requer a V. Exa. a prestação de caução da importância em que foi condenada, por meio de fiança bancária, nos termos do nº 2 do art. 83º, do Código de Processo do Trabalho.[5]

[1] O regime do CPC é aplicável à interposição do recurso de apelação (nº 5 do art. 81º do CPT).

[2] A alçada do Tribunal de 1ª instância é de € 5.000 (nº 1 do art. 44º da LOSJ), mas é sempre admissível recurso para a Relação nas acções em que esteja em causa a categoria profissional, o despedimento do trabalhador por iniciativa do empregador, independentemente da sua modalidade, a reintegração do trabalhador e a validade ou subsistência do contrato de trabalho (alínea a) do art. 79º do CPT, alterado pela Lei nº 107/2019, de 9 de Setembro).

[3] O prazo de interposição de recurso de apelação é de 30 dias segundo o nº 1 do art. 80º do CPT, alterado pela Lei nº 107/2019, de 9 de Setembro) salvo nos casos previstos no nº 2 do mesmo artigo, em que o prazo é de 15 dias. Acrescem mais 10 dias se o recurso tiver por objecto a reapreciação da prova gravada (nº 3 do art. 80º do CPT).

[4] Os recursos de apelação são julgados pela Secção Social do Tribunal da Relação (arts. 67º, nº 3 e 73º, alínea a) da LOSJ).

[5] A apelação tem efeito meramente devolutivo segundo o nº 1 do art. 83º do CPT, com as excepções previstas nos nºs 2 e 3 do mesmo artigo.

Junta alegação[1] -[2].

O Advogado,

[1] A alegação da apelante tem de ser junta com o requerimento de interposição de recurso (nº 1 do art. 81º do CPT).

[2] Responsável pelo prévio pagamento da taxa de justiça deve indicar, em campo próprio dos formulários constantes do sistema informático, a referência que consta do documento único de cobrança (DUC), encontrando-se dispensado de o juntar ao processo (artigo 9º da Portaria nº 280/2013, de 26/8, com a redacção introduzida pela Portaria nº 170/2017, de 25/5).

2. ALEGAÇÃO DA APELANTE

Tribunal Judicial da Comarca de ...
Juízo do Trabalho de ... – Juiz ...
Proc. nº ...
V/Refª. ...

Alegação da apelante
...
no recurso de apelação em que é apelada
...

Exmos. Senhores
Juízes Desembargadores da Secção Social
do Tribunal da Relação de ...

1. Vem o presente recurso interposto da sentença que considerou improcedente o pedido da A. relativo aos contratos de trabalho temporário celebrados entre ... e ....
Salvo o devido respeito, o Tribunal recorrido não fez justiça!

2. Pelas razões já expendidas no seu petitório, designadamente, a falsa justificação para o recurso aos sucessivos contratos de trabalho temporário, a apelante já era sujeita de um contrato de trabalho sem termo quando deixou de prestar serviço para a apelada, por imposição desta, no dia ..., razão por que a cessação do contrato constituiu, na realidade, um despedimento ilícito.

Porém, o Tribunal recorrido defende *"que em relação aos contratos de trabalho temporário celebrados pela A., a* ré não pode deixar de ser considerada terceiro porquanto a situação invocada pela A. contende com esses contratos e com a sua justificação e não com a celebração do contrato de utilização de trabalho temporário, sendo que é apenas no âmbito *deste que a ausência de documento escrito ou de indicação dos motivos da contratação pode determinar que o trabalho prestado ao utilizador o seja com base em contrato de trabalho sem termo (o que se justifica dado que não existindo aquele contrato de prestação de serviços deve admitir-se que foi a empresa utilizadora que contratou directamente com o trabalhador e, na ausência de forma escrita ou na ausência de indicação dos motivos da contratação, deve o contrato ser entendido como contrato de trabalho sem termo".* Esta argumentação contraria a doutrina e a jurisprudência dominantes, como se demonstrará.

3. Relativamente à questão da validade dos contratos de trabalho temporário, o Tribunal *a quo* limita-se a constatar que a lei *"sujeita a celebração desse contrato à forma escrita e à menção de diversos elementos entre os quais a indicação dos motivos de recurso ao trabalho temporário por parte da empresa utilizadora"*, mas não se pronuncia sobre a validade substancial dessa motivação.

Efectivamente, segundo a al. b) do nº 1 do art. 181º do CT, é obrigatória a *"indicação do motivo que justifica a celebração do contrato, com menção concreta dos factos que os integram, tendo por base o motivo justificativo do recurso ao trabalho temporário"*. A falta desta menção implica que seja considerado sem termo o contrato de trabalho temporário (nº 2 do art. 181º do CT).

Em consonância com esta exigência, o art. 177º do CT, impõe que o contrato de utilização de trabalho temporário deve conter o "*motivo justificativo do recurso ao trabalho temporário por parte do utilizador*" (al. b) do nº 1), "*com menção expressa dos factos que o integram, devendo estabelecer-se uma relação entre a justificação invocada e o termo estipulado*" (nº 2).

No caso *sub judice*, verifica-se que do clausulado dos contratos não consta a indicação concreta dos motivos nem das circunstâncias que originaram o recurso ao trabalho temporário.

Efectivamente, dos sessenta contratos de trabalho temporário constam, apenas, referências vagas e abstractas à motivação, designadamente *"Acréscimo de tráfego"*, *"Acréscimo temporário de tráfego"* ou *"Acréscimo temporário ou imprevisto de actividade"*, sem qualquer indicação dos factos que originaram as referidas contratações.
Porém, sobre esta omissão, o Tribunal recorrido silencia...

4. De qualquer modo, se o legislador fez recair sobre o utilizador a responsabilidade pelas citadas omissões, considerando que o trabalho lhe é prestado ao abrigo de um contrato sem termo, não pode vir o Tribunal recorrido vir dizer que o utilizador é apenas um *"terceiro"* naquela relação laboral.

Nas palavras do Prof. António Menezes Cordeiro, *"a lei pretendeu submeter as empresas utilizadoras* – pois só estas têm verdadeiro trabalho para dar – *às regras do contrato sem termo, sempre que haja invalidades por elas promovidas e tendentes a defraudar, com recurso ao trabalho temporário, as leis do trabalho"* (Manual de Direito do Trabalho, Almedina, p***ág.*** 609).

Como bem lembrou o Supremo Tribunal de Justiça, no seu Acórdão de 19 de Março de 2004, proferido em processo com idênticos pedido e causa de pedir:

> *"A exigência legal da menção dos factos e circunstâncias que preenchem o motivo invocado tem por objectivo a possibilidade de facilmente sindicar a sua correspondência com a realidade."*

De igual modo, no seu douto Acórdão de 30 de Janeiro de 2002, o mesmo STJ decidiu que:

> *"O motivo justificativo do recurso ao trabalho temporário, sendo um requisito de validade da estipulação do termo, deve traduzir, de modo suficiente e esclarecedor, uma situação concreta, objectiva e adequada à justificação do recurso ao*

trabalho temporário, não podendo o motivo justificativo ser indicado em termos genéricos e abstractos ou por simples remissão para uma qualquer das hipóteses previstas na lei como admissíveis da celebração do contrato de trabalho temporário" (www.dgsi.pt).

De resto, o Tribunal da Relação de Lisboa também se pronunciou no seu douto Acórdão de 15 de Janeiro de 2003 (Col. Jur. - Tomo I, pág. 151) sobre o problema da não correspondência entre a indicação expressa das condições no contrato e a verificação real das mesmas:

"De qualquer forma, deve distinguir-se a não indicação dessas condições no contrato da não verificação dessas condições (...)
Mas se tais condições não se verificavam e se não obstante isso a Ré contratou o Autor invocando a justificação que invocou isso já nos parece que pode vir a ser relevante em termos de validade do contrato na medida em que se pode sustentar que a Ré com este contrato tentou iludir as disposições do contrato sem prazo".

Assim sendo, ao contrário do decidido pelo Tribunal recorrido, foram incumpridos os requisitos formais para esta contratação.

5. Por outro lado, o Tribunal recorrido não se pronunciou sobre a questão da contratação sucessiva da apelante.

Com efeito, a apelante esteve ao serviço da apelada no período de ... a ..., quer recorrendo a contratos de trabalho temporário com diversas empresas, cuja validade ainda se discute, quer através da celebração de contratos a termo.
Seja como for, no decurso daquele período, a apelante esteve na disponibilidade da apelada *"para o exercício das mesmas funções ou para satisfação das mesmas necessidades do empregador"*, com violação do disposto no nº 1 do art. 179º do CT.

6. A mesma argumentação releva para efeitos de apreciação da questão da excepção da prescrição dos contratos de trabalho celebrados previamente a ..., considerada procedente pela decisão recorrida.

Pelas razões já expostas, os citados contratos não poderão ser considerados individualmente. Seria absurdo fazê-lo, na medida em que alguns previam o desempenho da actividade apenas por um dia, mas eram celebrados em dias consecutivos!
Deste modo, verificou-se uma relação laboral entre a apelante e a apelada, prolongada no tempo, embora tivesse sido *"entrecortada"* por intervalos numa contratação sucessiva, abusivamente, imposta.

Consequentemente, atenta a factualidade provada, forçoso será concluir pela improcedência da excepção de prescrição, devendo o tribunal recorrido considerar que há, apenas, um contrato de trabalho sem termo celebrado entre as partes.

7. Pelo exposto e sem necessidade de mais considerações, conclui-se que a sentença recorrida, ao julgar improcedente o pedido respeitante aos contratos celebrados entre ... e ..., não interpretou nem aplicou, acertadamente, as normas que regem os contratos de trabalho temporário e a termo, nomeadamente, os supracitados arts. 177º nºs 1, al. b) e 2, 179º, nº 1 e 181º, nºs 1, al. b) e 2 do CT.

Pelas sobreditas razões, o despedimento da apelante é ilícito, devendo a apelada ser condenada a reintegrá-la, sem prejuízo da sua categoria e antiguidade e a pagar a compensação peticionada, nos termos dos arts 389º, nº 1, al. b) e 390º, ambos do CT.

CONCLUSÕES:

1. Dos contratos de trabalho temporário celebrados entre a apelante e a apelada não constam as menções legais obrigatórias, designadamente, os motivos justificativos da sua celebração.
2. A apelante já era sujeita de um contrato de trabalho sem termo com a apelada quando celebrou os contratos de trabalho temporário.

3. Os contratos de trabalho temporário converteram-se em contratos sem termo por terem sido celebrados sucessivamente para a satisfação das mesmas necessidades da apelada.
4. Os direitos emergentes dos sucessivos contratos não prescreveram.
5. O despedimento é ilícito por não ter sido precedido do respectivo procedimento.
6. A apelante tem direito à reintegração e compensação peticionadas.

Pelo exposto e com o douto suprimento de V. Exas., deve ser concedido provimento ao presente recurso, condenando-se a apelada na totalidade do pedido, com o que se fará

JUSTIÇA!

O Advogado,

3. REQUERIMENTO DE INTERPOSIÇÃO DO RECURSO DE REVISTA [1-2-3]

Tribunal da Relação de ...
... Secção
Proc. nº ...

Exmo. Senhor
Desembargador Relator do
Tribunal da Relação de ...

..., apelado nos autos de recurso de apelação em que é apelante ..., não se conformando com o Acórdão de fls. ..., dele vem interpor recurso de revista para o Supremo Tribunal de Justiça.[4]

Assim, porque está em tempo e para tal tem legitimidade, requer a V. Exa. se digne admitir o presente recurso de revista, com subida nos próprios autos e efeito meramente devolutivo, nos termos do nº 1 dos arts. 671º, 675º e 676º do CPC.[5]

Junta alegação, cópia e comprovativo da notificação da mandataria da recorrente[6]-[7].

O Advogado,

[1] O regime do CPC é aplicável à interposição do recurso de revista (nº 5 do art. 81º do CPT).
[2] A alçada do Tribunal do STJ é de € 30.000 (nº 1 do art. 44º da LOSJ).
[3] O prazo de interposição de recuso de revista é de 30 dias (nº 1 do art. 80º do CPT alterado pela Lei nº 107/2019, de 9 de Setembro), salvo nos casos previstos no art. 670º do CPC, em que o prazo é de 15 dias. Acrescem mais 10 dias se o recurso tiver por objecto a reapreciação da prova gravada (nº 3 do art. 80º do CPT).
[4] Os recursos de revista são julgados pela Secção Social do STJ (art. 54º, nº 1, da LOSJ).
[5] As revistas sobem nos próprios autos e têm efeito devolutivo (arts. 675º e 676º do CPC).
[6] A alegação do recorrente tem de ser junta com o requerimento de interposição de recurso (nº 1 do art. 81º do CPT).
[7] O responsável pelo prévio pagamento da taxa de justiça deve indicar, em campo próprio dos formulários constantes do sistema informático, a referência que consta do documento único de cobrança (DUC), encontrando-se dispensado de o juntar ao processo (artigo 9º da Portaria nº 280/2013, de 26/8, com a redacção introduzida pela Portaria **nº** 170/2017, de 25/5).

4. ALEGAÇÃO DO RECORRIDO

Tribunal da Relação de Lisboa
... Secção
Proc. nº ...

Alegação do recorrido[1]

...

no recurso de revista interposto pela recorrente

...

Exmos. Senhores
Juízes Conselheiros da Secção Social do
Supremo Tribunal de Justiça

1. Lamentavelmente, a recorrente, ao invés de cumprir as suas obrigações e pagar o que deve ao recorrido, continua a abusar do direito de recurso, com intuito patentemente dilatório, tal como se tem verificado noutros processos com idênticos pedidos e causas de pedir!

À míngua de razões sérias, persiste, fundamentalmente, na invocação de uma pretensa falta de pronúncia, bem como na fantasiosa violação do princípio "*trabalho igual para salário igual*", consignado na al. a) do nº 1 do art. 59º da Constituição da República portuguesa e no art. 270º do CT..

QUANTO À NULIDADE

2. Inexiste, manifestamente, a invocada falta de pronúncia.

[1] A alegação do recorrido deve ser apresentada no prazo de 30 dias (nºs 1 e 5 do art. 638º do CPC), salvo nos casos previstos no art. 677º, do mesmo Código, em que o prazo é de 15 dias.

Como bem salienta o douto Acórdão recorrido:

> *«Não há qualquer dúvida, que a sentença fundamentou (e explicou suficientemente) a forma encontrada para o cálculo da remuneração (mensal) do A., que partiu da remuneração horária, que auferia, multiplicado por 22 dias de trabalho mensais e por 7 horas diárias (ou seja foi tomado em conta o horário praticado, de acordo com os factos provados).*
> *O cálculo encontra-se fundamentado e correcto, dado que foi encontrado, tendo em conta a remuneração horária e o horário praticado em 22 dias de trabalho mensal".*

Repetindo o anteriormente alegado:

> *"Está assente que o apelado auferia uma retribuição certa por cada hora e que cumpria uma determinado horário de trabalho (v. 2) e 16)).*
> *Estes factos são o "quantum satis" para se determinar com rigor a retribuição mensal».*
> *Tudo se resolve facilmente com uma operação simples de aritmética.*
> *A apelante faz o mal e a caramunha! Não respeitava o direito do trabalho e vem alegar que pagava no mês seguinte".*

Assim sendo, improcede, de todo, a arguição da nulidade da sentença recorrida.

QUANTO À REVISTA[1]

3. Um dos fundamentos específicos da revista é a "*violação da lei substantiva*", definida na al. a) do nº 1 do art. 674º do CPC..

Contudo, além da arguição de inexistente nulidade, a recorrente formula as seguintes questões:

> *"1ª – A matéria de facto constante dos nºs 1, 2 e 5 constitui conclusão jurídica?*

[1] Os fundamentos da revista estão previstos no nº 1 do art. 674º do CPC.

2ª – A existir um contrato de trabalho subordinado entre o A. e a R., qual o montante da respectiva retribuição?
3ª – Tem o A. direito às diuturnidades objecto da condenação?"

4. Quanto à primeira questão, refira-se, antes de mais, que a decisão sobre a matéria de facto não mereceu qualquer reclamação da R.

Em qualquer caso, o douto Acórdão recorrido esclarece, de forma clara e inequívoca, que estão em causa factos e não "*conclusões jurídicas*":

"A apelante, além de não ser rigorosa na transcrição das expressões, não tem qualquer razão, dado que tais expressões ou estão acompanhada de outras, que as explicitam mais concretamente ou têm um emprego e significado correntes na vida quotidiana, perceptíveis por qualquer pessoa normal, com um mínimo de inteligência e entendimento.
Assim, a expressão "foi admitido para trabalhar por conta da R. " não se encontra nos factos provados, mas "começou a trabalhar por conta da R.. Não se vê como factualizar melhor a expressão. Mesmo "por conta" é perceptível, como facto, pela generalidade das pessoas; aliás, se esta expressão fosse retirada, não faria qualquer falta, já que se encontra traduzida em factos noutros números da matéria provada (foi orientado e fiscalizado pela R., através de ordens e instruções emitidas pelos sub-chefes ..., etc.
A expressão de que o A. "tinha determinado horário de trabalho" também está incorrectamente citada, já que o que consta provado, é que, "inicialmente foi estabelecido o seguinte horário: das ... às ... e das ... às ....
Nada há de conclusivo e usar-se a expressão "ter o horário de trabalho" ou "trabalhar das ... às ...horas" é indiferente, sendo a primeira expressão usualmente aplicada e percebida por toda a gente.

Reproduzindo o teor das contra-alegações do apelado:

"O Tribunal a quo usa palavras e frases correntes da jurisprudência laboral, tais como, o horário de trabalho e o "trabalho por conta, sob a autoridade e direcção da R.".

Trata-se de factos indiciadores da existência de um "contrato de trabalho", este sim, um conceito jurídico.
Qualquer juslaboralista compreende esta factualidade e sabe distingui-la dos conceitos de direito e das conclusões resultantes da aplicação das normas jurídicas, designadamente a existência de um contrato de trabalho.
A mesma palavra tanto pode significar um facto como um conceito jurídico!
No caso vertente, a sentença considerou provados factos concretos e não conclusões ou juízos de valor"!

5. Por outro lado, sobre a segunda questão, além da douta argumentação expendida pelo Tribunal recorrido, há abundante jurisprudência produzida em processos idênticos.
Ainda, recentemente, o Tribunal da Relação de Lisboa condenou a recorrente no pagamento das retribuições de férias não gozadas, subsídios de férias e de Natal, com os fundamentos que se transcreve, parcialmente:

"É evidente que deve ter-se em conta a remuneração efectivamente recebida pelo A..
Com efeito, o art. 129º, nº 1, al. d) da CT, consagra a proibição da diminuição da retribuição, salvo nos casos previstos no Código ou nas RCT.
Por outro lado o direito a férias é irrenunciável e o seu gozo pode ser substituído, ainda que com o acordo do trabalhador, na compensação económica ou outra, salvo o disposto no nº 5 do art. 238º do CT" (www.dgsi.pt)

6. Também, improcede, de todo, o argumento da pretensa violação do princípio constitucional "**trabalho igual salário igual**".

Como é sabido, o princípio da igualdade de tratamento implica que se trate desigualmente situações desiguais, sob pena de grave iniquidade. Ora, no caso vertente, é patente a desigualdade das situações!

Citando o Acórdão recorrido:

"Aliás, a tese da Ré, para além – e já é muito – de contrariar disposições legais imperativas e direitos irrenunciáveis, parte do principio de que basta pôr em para-

lelo as remunerações auferidas pelo autor e as remunerações auferidas pelos trabalhadores do quadro, esquecendo, por exemplo, que o Autor não recebia diuturnidades, nem prémios, nem subsídio de refeição, nem subsídio de trabalho nocturno .... E se não estão reunidos os requisitos legais para que fosse possível operar uma redução da retribuição do autor, também não é de excluir que a qualidade e quantidade do trabalho prestado pelo Autor pudesse justificar uma melhor remuneração. Não é certo, afinal, que mesmo os trabalhadores do quadro da Ré são remunerados diversamente uns dos outros?"

Sobre esta matéria, afigura-se irrefutável a argumentação expendida pelo Acórdão da Relação de Lisboa, também citado no douto acórdão recorrido:

"*Improcede igualmente, a nosso ver, qualquer argumento com base no princípio constitucional de "salário igual para trabalho igual".*
Com efeito, a jurisprudência é unânime no sentido de que a violação do referido princípio constitucional não decorre, necessariamente, da circunstância de trabalhadores da mesma categoria e da mesma empresa auferirem diferentes retribuições. Para essa violação ocorrer, é ainda indispensável provar que a diferenciação é injustificada, em virtude do trabalho do trabalhador discriminado ser igual ao dos demais trabalhadores, que recebem melhor salário, quanto à natureza, qualidade e quantidade" (v. entre outros, o Ac. do STJ de 8.02.1995 – Col. / STJ 1995,I-267).
Ora, não está provado que o trabalho do A. seja igual ao dos outros trabalhadores, quanto à natureza, qualidade e quantidade e, portanto, não é de excluir que a qualidade e quantidade do trabalho prestado pelo A. pudessem justificar uma melhor remuneração".

Como é possível que a recorrente venha alegar violação do princípio da igualdade de tratamento quando não ignora a desigualdade de situações do recorrido e dos trabalhadores efectivos?

Assim sendo, improcede, de todo, o argumento da pretensa violação do princípio constitucional "**trabalho igual para salário igual**".

7. Finalmente, também, não procede a argumentação da recorrente quanto das diuturnidades.

Relativamente a esta questão, o recorrido dá por reproduzidas a argumentação expendida no Acórdão recorrido:

> *"Esta base, no nosso entender, não regula a promoção automática dos trabalhadores a categoria superior, regulando sim o acesso ao estágio, pelo que através desta Base, não é aplicável à contagem de diuturnidades o nº 3 da Cláusula ... do CCT, aplicando-se ao A. o nº 1 da mesma cláusula, como foi efectuado na sentença recorrida."*

Deste modo, o recorrido adquiriu o direito a diuturnidades a partir de ..., três anos após a sua entrada ao serviço da recorrente.
Aliás, foi este o raciocínio seguido pela recorrente quando atribuiu ao recorrido a primeira diuturnidade em ..., três anos após a celebração do contrato.
Assim, não se percebe como é que a recorrente vem agora defender interpretação diversa da por si feita nessa altura.

No entender do recorrido, o aresto em apreço aplicou correctamente o direito ao condenar a recorrente a pagar-lhe as diuturnidades, nos termos constantes da sentença da primeira instância.

CONCLUSÕES[1]

1. O Acórdão recorrido não enferma de qualquer nulidade.
2. O recorrido tem direito às retribuições de férias e aos subsídios de férias e de Natal não pagos, calculados com base na remuneração efectivamente recebida, nos termos constantes do Acórdão recorrido.

[1] Só o recorrente tem o ónus de formular conclusões (nº 1 do art. 639º do CPC).

3. O Acórdão recorrido não violou o princípio constitucional "*salário igual para trabalho igual*" nem qualquer disposição legal.
4. O recorrido tem direito às diuturnidades nos termos decididos pela primeira instância.

Pelo exposto, deve negar-se a revista, confirmando-se o Acórdão recorrido, como é de

JUSTIÇA!

O Advogado,

5. REQUERIMENTO DE INTERPOSIÇÃO DO RECURSO PARA O TRIBUNAL CONSTITUCIONAL[1]

Supremo Tribunal de Justiça
4ª Secção
Proc. nº ...

Exmo. Senhor
Conselheiro Relator do Supremo
Tribunal de Justiça

..., recorrente nos autos de revista à margem referenciados, em que é recorrida ..., vem, nos termos dos nºs 1 e 2 do art. 75º-A da Lei nº 28/82, de 15 de Novembro, com a redacção introduzida pela Lei nº 13-A/98, de 26 de Fevereiro, interpor recurso para o Tribunal Constitucional do Acórdão do Supremo Tribunal de Justiça de ..., com os seguintes fundamentos:

1. O Acórdão recorrido, com voto de vencido do Conselheiro Relator ..., defendeu a inconstitucionalidade do art. 41º, nº 1, al. h) do Regime Jurídico anexo ao DL nº 64-A/89, de 27/2 (LCCT),[2] interpretado no sentido da admissibilidade da contratação a termo de um trabalhador que, sem ter adquirido vínculo permanente, tenha ficado sujeito a sucessivos contratos de trabalho a termo e contratos de trabalho temporário.
2. A celebração sucessiva de 60 contratos de trabalho a termo certo e temporário no período compreendido entre ... e ..., viola o princípio da segurança no emprego, consignado no art. 53º da Constituição da República Portuguesa (CRP), atentando contra a dignidade da pes-

[1] Cabe recurso para o Tribunal Constitucional das decisões dos tribunais discriminadas no nº 1 do art. 70º da CRP, nomeadamente, quando apliquem normas cuja constitucionalidade haja sido suscitada durante o processo (al. b) do nº 1 mesmo artigo).
[2] A LCCT foi revogada pelo art. 21º, nº 1, al. m) da Lei nº 99/2003, de 27 de Agosto, que aprovou o primeiro Código do Trabalho.

soa humana, que é a trave mestra da República Portuguesa (art. 1º da CRP).

3. Sobre esta questão, a recorrente subscreve, na íntegra, a douta argumentação do Conselheiro Relator, por entender, também, que a norma em apreço deve ser considerada inconstitucional, por violação do art. 53º da Constituição, se interpretada com o sentido do Acórdão recorrido, tal como defendeu durante o processo.
4. Pelo exposto, vem, ao abrigo do disposto nos arts. 280º, nº 1 al. b) da CRP, 70º nº 1, al. b) e 72º nºs 1 al. b) e 2 da supracitada Lei nº 28/82, requerer a V. Exa. se digne admitir o presente recurso, seguindo-se a ulterior tramitação prevista nos arts. 76º e seguintes da mesma Lei.

O Advogado,

6. RECLAMAÇÃO PARA O TRIBUNAL CONSTITUCIONAL

Supremo Tribunal de Justiça
4ª Secção
Proc. nº ...

Exmo. Senhor
Conselheiro Relator do Supremo
Tribunal de Justiça

..., recorrente nos autos de recurso à margem referenciados, em que é recorrida ..., tendo sido notificada do despacho de ..., vem deduzir a presente reclamação para o Tribunal Constitucional, nos termos do nº 4 do art. 76º da Lei nº 28/82, de 15 de Novembro, com a redacção introduzida pela Lei nº 13-A/98, de 26 de Fevereiro e com os seguintes fundamentos:

1. Pelo despacho reclamado, não foi admitido o recurso para o Tribunal Constitucional, com o argumento de que se pretendia impugnar o aresto, sendo que "*as decisões judicias* não podem constituir objecto de recurso de apreciação da constitucionalidade".
2. Como é óbvio, não compete ao Tribunal Constitucional apreciar o mérito de determinada decisão judicial, ainda que chocantemente injusta. Por isso, no seu requerimento, a ora reclamante invocou a "inconstitucionalidade do art. 41º, nº 1, al. h) do Regime Jurídico anexo ao DL nº 64-A/89, de 27/2 (LCCT) interpretado no sentido da admissibilidade da contratação a termo de um trabalhador que, sem ter adquirido vínculo permanente, tenha ficado sujeito a sucessivos contratos de trabalho a termo e contratos de trabalho temporário".[1]

[1] A LCCT foi revogada pelo art. 21º, nº 1, alínea m) da Lei nº 99/2003, de 27 de Agosto, que aprovou o primeiro Código do Trabalho.

3. Mais considera que essa interpretação não se harmoniza com o "princípio da segurança no emprego consignado no art. 53º da Constituição da República Portuguesa".

4. Deste modo, não há dúvida que a reclamante suscitou a questão da desarmonia constitucional da interpretação dada pelo Supremo Tribunal de Justiça, no caso *sub judice*, com a norma ínsita no art. 53º da CRP, recorrentemente, invocada ao longo deste processo.

5. Assim sendo, forçoso será concluir que o despacho em apreço viola o disposto no art. 70º, nº 1, al. b) a LTC, segundo a qual "*cabe recurso para o Tribunal Constitucional, em secção, das decisões do Tribunais (...) que apliquem norma cuja inconstitucionalidade haja sido suscitada durante o processo*".

6. Ademais, a reclamante argumentou que a celebração sucessiva de contratos de trabalho a termo e temporário não respeitou o princípio matricial da dignidade da pessoa humana, que é a trave mestra da República Portuguesa (art. 1º da CRP).

7. Por isso, o despacho reclamado viola o disposto no nº 5 do art. 75º-A da LTC, bem como o direito de acesso ao Tribunal Constitucional.
A interpretação excessivamente formalista do STJ redundaria numa gritante injustiça: *summum jus, suma injuria*!

8. Pelo exposto, deve ser julgada procedente a presente reclamação, admitindo-se o recurso interposto para o Tribunal Constitucional, como é de Direito.

O advogado,

XI. Requerimentos Diversos

1. REQUERIMENTO DE TRANSACÇÃO[1]

Tribunal Judicial da Comarca de ...
Juízo do Trabalho de ... – Juiz ...
Proc. nº ...

Exmo. Senhor
Dr. Juiz

... e **....**, A. e R., respectivamente, nos autos de acção declarativa com processo comum, à margem referenciados, vêm formalizar a seguinte transacção, nos termos e para os efeitos do disposto no nº 1 do art. 290º do CPC, aplicável por força da al. a) do nº 2 do art. 1º do CPT:

1. O A. reduz o pedido para a quantia de € ... (extenso).
2. A R. obriga-se a pagar a quantia de € ... (extenso), no prazo de 15 dias a contar da data do presente acordo.
3. O pagamento será efectuado através de cheque a remeter para o domicílio do mandatário do A..
4. As custas serão suportadas pela R., prescindindo o A. das custas de parte e procuradoria, na parte disponível.

Local e data

O Advogado do A. O Advogado da R.,

[1] A transacção pode, também, fazer-se por termo na secretaria ou em acta, quando resulte de conciliação obtida pelo juiz (art. 290º do CPC).

2. REQUERIMENTO DE SUSPENSÃO DE DESPEDIMENTO INDIVIDUAL[1]

Exmo. Senhor
Dr. Juiz do Juízo do Trabalho do Tribunal Judicial
da Comarca de ...

..., responsável de equipa, residente no Largo ..., titular do cartão de cidadão nº ..., válido até ..., contribuinte fiscal nº ..., vem instaurar procedimento cautelar de suspensão de despedimento individual contra **....**, pessoa colectiva nº ..., com sede na ..., nos termos dos arts. 386º do Código do Trabalho (CT), 34º e 35º do Código de Processo do Trabalho (CPT) e com os fundamentos seguintes:

1º

A requerente foi admitida para trabalhar sob a autoridade e direcção da requerida na sua sede, no dia 10 de Novembro de 2008 (doc. 1).

2º

Sempre exerceu as funções de responsável de equipa (doc. 2).

3º

Tinha o seguinte horário de trabalho: das 9 às 14 e da 15 às 18 horas (doc. 1).

4º

Auferia a retribuição mensal de € 600,00 acrescida de um subsídio de refeição de € 6,00 por cada dia de trabalho prestado.

[1] A suspensão de despedimento individual é regulada pelos arts. 34º a 40º-A do CPT, alterado pela Lei nº 107/2019, de 9 de Setembro.

5º

No dia 23 de Setembro de 2018, o seu superior hierárquico ... disse à requerente que a requerida não estava interessada nos seus serviços.

6º

Então, a requerente recebeu ordens para comparecer no escritório da requerida no dia seguinte, às 11 horas (doc. 4).

7º

Na reunião, havida no dia 24 de Setembro de 2018, foi proposta à requerida a "*revogação do contrato de trabalho por acordo das partes, contra o pagamento da compensação global de € 6.000,00*" (doc. 5).

8º

A requerente comunicou a não aceitação da proposta e apresentou-se, de imediato, na sede da requerida para retomar o serviço (doc. 6).

9º

Nesse mesmo dia, foi "*dispensada de comparecer ao serviço até ao dia 30 de Setembro de 2018,* inclusive" (doc. 7).

10º

No dia 1 de Outubro de 2018, às 9 horas, a requerente voltou a apresentar-se no seu local de trabalho, com três testemunhas, mas foi impedida de retomar o serviço.

11º

No mesmo dia, a requerente denunciou o assédio moral de que estava sendo vítima, através do e-mail de que junta cópia (doc. 8).

12º

No dia 4 de Outubro de 2018, a Directora da requerida, Joana Dias, entregou à requerente a carta datada de 1 de Outubro de 2017, de que junta cópia e aqui dá por reproduzida (doc. 9).

13º

Pela carta referida no art. 12º, a requerida comunicou à requerente a cessação do contrato de trabalho iniciado no dia 10 de Novembro de 2008, com efeitos imediatos (doc. 9).

14º

Na declaração Mod. RP 5044 da Segurança Social, a requerida alega, falsamente, o despedimento da requerida "*por motivo de extinção do seu posto de trabalho*" (doc. 10).

15º

O despedimento da requerente não foi precedido de qualquer procedimento disciplinar.

16º

Nem, tão pouco, havia justa causa para o seu despedimento.

17º

Também, não foram respeitadas as formalidades previstas nos arts. 369º a 371º do CT.

18º

Como não se verificam os requisitos cumulativos exigidos pelo nº 1 do art. 368º do CT.

19º

Nem foi colocada à disposição da requerente a compensação a que teria direito (art. 372º, com referência ao nº 3 do art. 366º, ambos do CT).

20º

Consequentemente, o despedimento da requerente é ilícito nos termos dos arts. 381º, al. c), 382º e 384º do CT.

21º

Assim sendo, o despedimento a requerente enquadra-se na previsão do nº 1, alíneas a) e b) do nº 1 do art. 39º do CPT.

22º

Finalmente, requer a impugnação judicial da regularidade e licitude de despedimento, nos termos do nº 4 do art. 34º do CPT.

Nestes termos e nos mais de direito, deve ser decretada a suspensão do despedimento da requerente, com as legais consequências.
Para tanto, requer a V. Exa. se digne ordenar a citação da requerida para se opor, designando dia para a audiência final, seguindo-se a ulterior tramitação prevista nos arts. 34º e seguintes do CPT.

TESTEMUNHAS:[1]

1ª – A ..., estado civil, profissão, residente na Rua ..., titular do cartão de cidadão nº ..., válido até ..., contribuinte fiscal nº ... ;

2ª – B ... e

3ª – C ... .

Valor: **€ 5.000,01** (extenso).

Junta 10 documentos, procuração forense e cópia do requerimento de protecção jurídica.

O Advogado,

[1] Cada parte pode apresentar até três testemunhas (nº 1 do art. 35º do CPT).

3. REQUERIMENTO DE SUSPENSÃO DE DESPEDIMENTO COLECTIVO[1]

Exmo. Senhor
Dr. Juiz do Juízo de Trabalho do Tribunal Judicial
da Comarca de ...

..., estado, profissão, residente na Rua ..., titular do cartão de cidadão nº ..., válido até ..., contribuinte fiscal nº ..., vem instaurar procedimento cautelar de suspensão de despedimento colectivo contra **...**, pessoa colectiva nº ..., com sede na ..., nos termos dos arts. 34 e 35º do Código de Processo do Trabalho (CPT) e com os fundamentos seguintes:

1º

A requerente foi admitida para prestar a actividade de jornalista, sob a autoridade e direcção da requerida, no dia ... (doc. 1).

2º

Ultimamente, auferia a retribuição mensal de € ... (doc. 2)

3º

No dia ..., a requerente comunicou à requerida o seu estado de gravidez, apresentando o respectivo atestado médico (docs. 3 e 4).[2]

4º

No dia ..., a requerida comunicou à requerente a intenção de proceder ao despedimento colectivo de ... trabalhadores, incluindo a ora requerente (doc. 5).[3]

[1] A suspensão de despedimento colectivo é regulada pelos arts. 34º a 40º-A, do CPT, alterado pela Lei nº 107/2019, de 9 de Setembro.

[2] Segundo a alínea a) do nº 1 do art. 36º do CT, "trabalhadora grávida é a trabalhadora em estado de gestação que informe o empregador do seu estado, por escrito, com apresentação de atestado médico".

[3] As formalidades do despedimento colectivo são reguladas pelos arts. 360º a 362º do CT.

5º

Para tanto, alegou, genericamente, razões económicas e financeiras, reconduzindo estas justificações a "*motivos de mercado, estruturais e tecnológicos*" (doc. 5).

6º

Por carta datada de ..., a requerida comunicou a decisão de despedimento da requerente "*no âmbito do processo de despedimento colectivo*" (doc. 6).

7º

A requerida informou a requerente que a cessação do seu contrato de trabalho ocorreria no dia ..., "*sessenta dias após a data da recepção da presente comunicação*" (doc. 6).[1]

8º

A requerida informou, ainda, que a requerente terá direito à compensação de ..., nos termos previstos nos nºs 1 e 2 do art. 366º do CT.

9º

Mais comunicou à requerente que fica "*dispensada da prestação de trabalho a partir da data da recepção da carta*". Porém,

10º

A requerida não remeteu cópia do processo à Comissão para a Igualdade no Trabalho e no Emprego (CITE).[2] Ora,

11º

Segundo o preceituado no nº 1 do art. 63º, o despedimento de trabalhadora grávida carece de parecer prévio da CITE. Com efeito,

[1] O aviso prévio é de 60 dias se o trabalhador tiver antiguidade igual ou superior a cinco e inferior a 10 anos (alínea c) do nº 1 do art. 363º do CT).
[2] Sítio da CITE: www.cite.gov.pt .

12º

A requerida deveria ter remetido à CITE cópia do processo, após a conclusão da fase de informações e negociação (nº 3, al. b), do art. 63º do CT). Ademais,

13º

O despedimento da requerente presume-se feito sem justa causa (nº 2 do art. 63º do CT).

14º

De resto, inexistem razões objectivas que justificam o despedimento colectivo.

15º

Como bem decidiu o Supremo Tribunal de Justiça (STJ) no seu douto Acórdão de 19/11/2008 "*as dificuldades económico-financeiras não constituem um fundamento autónomo do despedimento colectivo*" (www.dgsi.pt).

16º

Veja-se, também, **o Acórdão do STJ, de** 17.01.2007 (www.dgsi.pt):

> **"III – Nas situações em que a reestruturação, por si só, não foi a causa directa, objectiva e imediata da cessação de determinados contratos de trabalho, tendo assumido relevância preponderante e decisiva elementos alheios aos motivos objectivos que legalmente autorizam o despedimento baseado em extinção de postos de trabalho por razões estruturais, não pode o empregador fazer cessar aqueles contratos de trabalho aproveitando o quadro objectivo que permite o despedimento colectivo.**
> **IV – É ilícita a cessação dos contratos de trabalho de trabalhadores abrangidos pelo despedimento colectivo que se deveu a motivos relacionados com circunstâncias de ordem pessoal – as suas aptidões profissionais, a recusa em aceitarem a mudança de local de**

trabalho ou a recusa de alteração de categoria profissional – e não à redução de postos de trabalho resultante da reestruturação da empresa".

17º

Pelo exposto, forçoso será concluir pela ilicitude do despedimento colectivo nos termos dos arts. 63º, nº 3 al. b) e 381º, al. c), ambos do CT.

Nestes termos e nos mais de direito, deve ser decretada a suspensão do presente despedimento colectivo promovido pela requerida, que inclui a ora requerente, com as legais consequências.
Para tanto, requer a V. Exa. se digne ordenar a citação da requerida para se opor, designando dia para a audiência final, seguindo-se a ulterior tramitação prevista nos arts. 34º e seguintes do CPT.

TESTEMUNHAS:[1]

1ª – A ..., estado civil, profissão, residente na Rua ..., titular do cartão de cidadão nº ..., válido até ..., contribuinte fiscal nº ... ;
2ª – B ... e
3ª – C ... .

Valor: € 30.000,01 (extenso).
Junta 10 documentos e procuração forense.[2]

O Advogado,

[1] Cada parte pode apresentar até três testemunhas (nº 1 do art. 35º do CPT).

[2] **Pagamento de taxa de justiça**
O responsável pelo prévio pagamento da taxa de justiça deve indicar, em campo próprio dos formulários constantes do sistema informático, a referência que consta do documento único de cobrança (DUC), encontrando-se dispensado de o juntar ao processo (artigo 9º da Portaria nº 280/2013, de 26/8, com a redacção introduzida pela Portaria 170/2017, de 25/5).

4. REQUERIMENTO DE OPÇÃO PELA INDEMNIZAÇÃO EM SUBSTITUIÇÃO DA REINTEGRAÇÃO[1]

Tribunal Judicial da Comarca de ...
Juízo do Trabalho de ... – Juiz ...
Proc. nº ...
V/Refª. ...

Exmo. Senhor
Dr. Juiz

..., A. nos autos de acção declarativa, com processo comum, em que é R. **...**, vem optar pela indemnização em substituição da reintegração, nos termos e para os efeitos do nº 1 do art. 391º do Código do Trabalho.

O Advogado,

[1] A opção pela indemnização em substituição da reintegração pode ser declarada para a acta da audiência de julgamento até ao termo da discussão (nº 1, primeira parte, do art. 391º do CT).

5. REQUERIMENTO DE REFORMA DA SENTENÇA [1]

Tribunal Judicial da Comarca de ...
Juízo do Trabalho de ... – Juiz ...
Proc. nº ...
V/Refª. ...

Exmo. Senhor
Dr. Juiz

..., A. nos autos de acção declarativa, com processo comum, em que é R. **...**, vem requerer a reforma da sentença de ..., nos termos da alínea a) do nº 2 do art. 616º do CPC, aplicável por força da al. a) do nº 2 do art. 1º do CPT, com os fundamentos seguintes:

1. Pela decisão de fls. ..., o A., ora requerente, foi condenado no pagamento em custas por ter requerido o desentranhamento de uma cópia de um documento calunioso junta pela R., bem como a sua condenação pelo incidente anómalo.
2. Na verdade, o A. limitou-se a contraditar o incidente, criado, exclusivamente, pela R..
3. Deste modo, ao condenar o requerente em multa, o Tribunal violou o princípio do contraditório, consignado no nº 3 do CPC, aplicável por força do nº 2, al. a) do art. 1º do CPC.
4. Pelo exposto, requer a rectificação do manifesto lapso da sua condenação em custas.

O Advogado,

[1] Qualquer das partes pode requerer a reforma da sentença, nos termos do nº 2 do art. 616º do CPC, quando não couber recurso da decisão.

6. REQUERIMENTO DE LIQUIDAÇÃO[1]

Tribunal Judicial da Comarca de ...
Juízo do Trabalho de ... – Juiz ...
Proc. nº ...
V/Refª. ...

Exmo. Senhor
Dr. Juiz

..., A. nos autos de acção declarativa, com processo comum, em que é R. ..., vem, nos termos dos arts. 358º, nº 2 e 359º do CPC, deduzir o **incidente de liquidação**, com os fundamentos seguintes:

1º

Por Acórdão do Tribunal da Relação de ..., de ..., a R. foi condenada a pagar ao ora requerente as retribuições que deixou de auferir desde o despedimento até ao trânsito em julgado da decisão final, no total de € 20.000,00, deduzido o montante do subsídio de desemprego atribuído durante aquele período, a liquidar no respectivo incidente.

2º

Efectivamente, durante o período referido no art. 1º, o requerente auferiu o subsídio de desemprego no total de € 13 000,00 (doc. 1).[2]

3º

Assim sendo, o requerente tem direito a receber a compensação de € 7.000,00.

[1] O incidente de liquidação é regulado pelos arts. 358º a 361º do CPC, aplicáveis por força do disposto na al. a) do nº 2 do art. 1º do CPT.

[2] A dedução do subsídio de desemprego na compensação em caso de despedimento ilícito está prevista na al. c) do nº 2 do art. 390º do CT.

4º

Pelo exposto, deve ser julgado procedente o presente incidente, liquidando-se o valor a ser pago pela R. em € 7.000,00, acrescido de juros à taxa legal de 4%, no montante de € 560,00, no total de € 7.560,00.

Para tanto, requer a V. Exa. se digne admitir o presente incidente, ordenando-se a notificação da R. para, querendo, contestar, seguindo-se a ulterior tramitação até final.

Valor: € 7.560,00 (extenso).
Junta: 1 documento.

O Advogado,

7. RECLAMAÇÃO DE CRÉDITOS

Tribunal Judicial da Comarca de ...
Juízo de Comércio de ... – Juiz ...
Proc. nº ...

Exmo. Senhor
Administrador de Insolvência
Morada

..., técnica de recursos humanos, titular do cartão de cidadão nº ..., válido até ..., contribuinte fiscal nº ..., residente em ..., vem, nos autos de insolvência da ..., reclamar a verificação dos seus créditos, nos termos dos nºs 1 e 2 do art. 128º do Código da Insolvência e da Recuperação de Empresas (CIRE)[1]-[2], com os fundamentos seguintes:

1. A requerente celebrou, no dia 1 de Julho de 2016, um denominado "*contrato de trabalho a termo incerto*", conforme cópia que junta e dá por reproduzido (doc. 1).

2. A requerente auferia o vencimento mensal de € 1.000,00, acrescido de um subsídio de alimentação no montante de € 10,00 por cada dia de trabalho prestado (doc. 2).

3. A estipulação do termo enferma de patente nulidade, uma vez que a formalização do contrato foi efectuada quando já vigorava um contrato sem termo, desde 1 de Janeiro de 2016 (doc. 3).

[1] O CIRE foi aprovado pela Lei nº 53/2004, de 18 de Março e alterado pela Lei nº 16/2012, de 20 de Abril e pelo Decreto-Lei nº 26/2015, de 6 de Fevereiro.

[2] A reclamação de créditos deve ser feita por requerimento dirigido ao administrador de insolvência e apresentado no seu domicílio profissional ou remetido por correio electrónico ou carta registada, no prazo fixado na sentença declaratória da insolvência (art. 128º, nºs 1 e 2, do CIRE).

4. Na realidade, a relação laboral entre requerente e requerida configura um verdadeiro contrato de trabalho **sem termo**.

5. Contudo, no dia 15/06/2018, o gerente da requerida comunicou à requerente a cessação do seu contrato de trabalho a partir de 30 de Junho de 2018 (doc. 4).

6. De facto, a partir dessa data a requerente não mais pôde trabalhar para a requerida.

7. Também, a requerida deixou de pagar qualquer remuneração à requerente, a partir de 1 de Agosto de 2018, inclusive.

8. O despedimento da requerente é ilícito por não ter sido precedido de qualquer procedimento disciplinar (art. 381º, al. c) do Código do Trabalho).

9. Tem, assim, direito à indemnização não inferior a 3 meses de retribuição, no total de **€ 3.000,00** (art. 391º, nº 3, do CT).

10. Mais tem direito à retribuição de férias e ao respectivo subsídio vencidos em 1 de Janeiro de 2018, no valor de € 2.000,00, bem como às retribuições de férias e aos subsídios de férias e de Natal respeitantes ao trabalho prestado em 2018, na parte proporcional, no valor de € 1.500,00, totalizando a quantia de **€ 3.500,00**.

11. Consequentemente, a ora requerente é credora da importância total de **€ 6.500,00**.

12. Este crédito goza dos privilégios mobiliário geral e imobiliário especial sobre os imóveis da requerida, nos termos do art. 333º, nº 1, do CT.

Nestes termos, requer a V. Exa. que o seu crédito seja reconhecido e graduado no lugar que lhe competir.

Valor: € 6.500,00 (extenso).
Junta: 4 documentos e procuração forense.

O Advogado,

8. REQUERIMENTO DE NOTIFICAÇÃO AVULSA[1]

Exmo. Senhor
Dr. Juiz do Juízo do Tribunal Judicial
da Comarca de ...

..., casado, motorista, residente em Ponta Delgada, na Rua ..., titular do cartão de cidadão nº ..., válido até ..., contribuinte fiscal nº ..., vem requerer a notificação judicial avulsa da ..., pessoa colectiva nº ..., com sede na ..., nos termos do art. 256º, do CPC e com os fundamentos seguintes:

1º

O requerente foi admitido para trabalhar, sob a autoridade e direcção da requerida, em Ponta Delgada, no dia ....

2º

Ultimamente, auferia a retribuição mensal de € ... .

3º

Por carta datada de ..., a requerida decidiu a transferência definitiva do requerente para a sua sede em Lisboa, bem sabendo que tinha residência permanente em Ponta Delgada, juntamente com a mulher ... e 3 filhos de 1, 4 e 7 anos de idade (docs. 1 a 4).

4º

Confrontado com o "prejuízo sério" da transferência, o requerente viu-se obrigado a resolver o contrato nos termos do nº 5 do art. 194 do Código do Trabalho (CT), por carta datada de ..., conforme cópia que junta e dá por reproduzida (doc. 5).

[1] A notificação judicial avulsa depende de despacho prévio e é feita por agente de execução ou funcionário de justiça (nº 1 do art. 256º do CPC).

5º

Por outro lado, a requerida nada pagou ao requerente até à presente data, afora as retribuições de férias e subsídios de férias e de Natal emergentes da cessação do contrato de trabalho.

6º

Com efeito, o requerente tem direito à compensação[1] prevista no art. 366º, por força do nº 5 do art. 194º, ambos do CT.

7º

Consequentemente, requer a V. Exa. se digne mandar notificar a requerida da pretensão do requerente para interrupção da prescrição prevista no nº 1 do art. 337º do CT, para os efeitos previstos nos arts. 323º e 326º do Código Civil.

8º

O requerente declara, ainda, que pretende que a referida notificação seja efectuada por funcionário judicial, nos termos do nº 1 do art. 256º, com referência ao nº 9, do art. 231º do CPC.

Junta 5 documentos e procuração forense[2].

O Advogado,

[1] O trabalhador tem direito à compensação correspondente a 12 dias de retribuição base e diuturnidades por cada ano completo de antiguidade (nºs 1 e 2 do art. 366º do CT).

[2] O responsável pelo prévio pagamento da taxa de justiça deve indicar, em campo próprio dos formulários constantes do sistema informático, a referência que consta do documento único de cobrança (DUC), encontrando-se dispensado de o juntar ao processo (Artigo 9º da Portaria nº 280/2013, de 26/8, com a redacção introduzida pela Portaria 170/2017, de 25/5).

XII. Participações

1. PARTICIPAÇÃO À AUTORIDADE PARA AS CONDIÇÕES DE TRABALHO

Nome, cédula e morada do advogado

Exmo. Senhor
Director do Centro Local de ... da Autoridade
para as Condições do Trabalho (ACT)[1]-[2]
Morada

Registada com Aviso de Recepção

Local e data

ASSUNTO: **Participação contra a Sociedade ...**

Fui mandatado pelos trabalhadores ... para denunciar a reiterada violação dos seus direitos pela Sociedade..., pessoa colectiva nº ..., com sede na ..., nos termos e com os fundamentos seguintes:

1. Os meus constituintes prestam a sua actividade no estabelecimento da participada, sito em ..., no regime de "recibos verdes".
2. Trabalham de segunda a sexta-feira, cumprindo os respectivos horários de trabalho.
3. Utilizam os equipamentos e materiais pertencentes à participada.
4. Dependem, economicamente, da retribuição paga pela participada no final de cada mês.

[1] Sítio da ACT: www.act.gov.pt

[2] O procedimento das contra-ordenações compete à ACT (al. a) do nº 1 da Lei nº 107/2009, de 14 de Setembro e al. b) do nº 2 do art. 3º do Decreto-Lei nº 320-B/2007, de 28 de Setembro).

5. Encontram-se inseridos na estrutura organizativa da empresa e realizam a sua prestação laboral sob as ordens e instruções do Director ... .
6. Assinam um "registo diário de presenças" e têm de justificar as faltas.
7. Consequentemente, não sofre dúvida que estas relações laborais configuram verdadeiros contratos de trabalho, que, aliás, se presumem nos termos do nº 1 do art. 12º do Código do Trabalho (CT).
8. Apesar disso, a participada não respeita os seus direitos e garantias consagradas na legislação laboral.
9. Assim, por exemplo, os trabalhadores nunca gozaram férias nem receberam retribuições de férias, subsídios de férias e de Natal.
10. Não estão inscritos na Segurança Social nem têm seguro contra acidentes de trabalho.
11. Pelo exposto, solicita a intervenção da ACT para a regularização da situação, sob pena de participação ao Ministério Público, nos termos do art. 15º-A da Lei 63/2013, de 27 de Agosto, alterada pela Lei nº 55/2017, de 17 de Julho.[1]-[2]

Com os melhores cumprimentos.

O advogado,

Em anexo: ... procurações.

[1] Caso o empregador não regularize a situação no prazo de 10 dias, após o auto, a ACT participa ao Ministério Público para intentar a acção de reconhecimento da existência de contrato de trabalho (arts. 15º-A da Lei 107/2009, de 14 de Setembro e 186º-K a 186º-R do CPT, aditados pela Lei 63/2013, de 27 de Agosto).
[2] A Lei nº 55/2017, de 17 de Julho alargou este mecanismo processual a "*todas as formas de trabalho não declarado, incluindo falsos estágios e falso voluntariado*" (art. 1º).

2. PARTICIPAÇÃO À COMISSÃO PARA A IGUALDADE NO TRABALHO E NO EMPREGO

Nome, cédula e morada do advogado

Exmo. Senhor
Presidente da Comissão para a Igualdade no Trabalho e no Emprego (CITE)[1]-[2]
Morada

Registada com Aviso de Recepção

Local e data

ASSUNTO: **Participação contra a Sociedade ...**

Fui mandatado pela trabalhadora ... da Sociedade..., pessoa colectiva nº ..., com sede na ..., para participar o seguinte:

1. A minha constituinte é trabalhadora puérpera, conforme a al. b) do nº 1 do art. 36º do Código do Trabalho (CT) – doc. 1.
2. Esteve na situação de licença em situação de risco clínico durante a gravidez de ... a ... (doc. 2).
3. Por tal motivo, a participada não lhe pagou o "prémio de assiduidade" a que todos os trabalhadores dessa empresa têm direito, nos termos do Acordo de Empresa aplicável (doc. 3).

[1] Sítio da CITE: www.cite.gov.pt.

[2] Compete à CITE "apreciar as queixas sobre discriminação e protecção da parentalidade no trabalho" e comunicar à ACT os seus "pareceres que indiciem a existência de prática laboral discriminatória em razão do sexo" (alíneas e) e g) do art. 3º do Decreto-Lei nº 124/2010, de 17 de Novembro).

4. Esta trabalhadora está a ser vítima de discriminação em razão do sexo, proibida pelos nº 1 do art. 24º do CT e nº 2 do art. 13º da Constituição da República Portuguesa.
5. Segundo o disposto no art. 65º do CT:
"1 — Não determinam perda de quaisquer direitos, salvo quanto à retribuição, e são consideradas como prestação efectiva de trabalho as ausências ao trabalho resultantes de:
a) Licença em situação de risco clínico durante a gravidez".
6. Lamentavelmente, as suas reclamações resultaram infrutíferas, uma vez que a participada considera que a trabalhadora em causa não tem direito ao prémio de assiduidade.
7. Pelo exposto, solicita a intervenção dessa Comissão a fim de pôr termo à prática discriminatória da participada.

Com os melhores cumprimentos.

O advogado,

Em anexo: 3 documentos e procuração.

3. PARTICIPAÇÃO AO PROVEDOR DE JUSTIÇA

Nome, cédula e morada do advogado

Exmo. Senhor
Provedor de Justiça[1-2]
Morada

Registada com Aviso de Recepção
Local e data

ASSUNTO: **Participação contra o Instituto ...**

Fui mandatado pela trabalhadora ... do Instituto ..., pessoa colectiva nº ..., com sede em ..., para participar o seguinte:

1. A minha constituinte ... esteve na situação de baixa por doença de ... até... .
2. Ao retomar o serviço, após a alta, verificou que já não tinha secretária no seu local de trabalho.
3. Interpelado pela trabalhadora, o Director ... respondeu-lhe que estava dispensada de comparecer ao serviço, sem prejuízo da sua retribuição, até ordem em contrário.
4. Esta situação de forçada inactividade dura há ... meses, não obstante as suas infrutíferas reclamações.
5. A conduta da Direcção do Instituto está a afectar, gravemente, a saúde e a dignidade pessoal e profissional da trabalhadora.

[1] Sítio do Provedor de Justiça: www.provedor-jus.pt
[2] Compete ao Provedor de Justiça "dirigir recomendações aos órgãos competentes com vista à correcção de actos ilegais ou injustos dos poderes públicos ou melhoria dos respectivos serviços" (al. a) do nº 1 do art. 20º da Lei nº 9/91, de 9 de Abril).

6. O direito à ocupação efectiva está garantido no Código do Trabalho – CT (al. b) do nº 1 do art. 129º do CT), também reproduzido no Regime do Contrato de Trabalho em Funções Públicas (al. b) do art. 89º).

7. Como preceitua o nº 2 do art. 13º da Constituição da República Portuguesa, "*todos os cidadãos têm a mesma dignidade social e são iguais perante a lei*".

8. No mesmo sentido, o CT consigna o direito à igualdade de tratamento (art. 22º) e proíbe qualquer discriminação directa ou indirecta (art. 23º).

9. Pelo exposto, solicita a intervenção de V. Exa. para que seja reparada a sobredita iniquidade, de harmonia com os princípios da igualdade e da justiça!

O Advogado,

4. PARTICIPAÇÃO AO MINISTÉRIO PÚBLICO

Nome, cédula e morada do advogado

Exmo. Senhor
Procurador-Adjunto do Departamento
de Investigação e Acção Penal da Comarca de ...

Local e data

ASSUNTO: **Encerramento ilícito da Sociedade ...**

..., casado, vendedor, titular do cartão de cidadão nº ..., contribuinte fiscal nº ..., residente na Rua..., vem participar contra a Sociedade ..., pessoa colectiva nº ..., com sede na ..., o seguinte:

1. O sócio-gerente da denunciada ... encerrou definitivamente a empresa sita em ..., no dia 31 de Agosto de 2018, por alegadas dificuldades económico-financeiras (doc. 1).
2. Porém, a gerência não cumpriu as formalidades previstas nos arts. 311º e 312º do Código do Trabalho (CT).
3. Esta decisão abusiva e ilegal surge na sequência da regularização dos contratos dos seus trabalhadores que laboravam no regime de falsos "recibos verdes", após a intervenção da Autoridade para as Condições do Trabalho (doc. 2).
4. Também, não foram pagos os créditos emergentes da cessação do contrato de trabalho nem foi entregue aos trabalhadores a "Declaração de Situação de Desemprego" (Mod. RP 5044 da DGSS).

5. Deste modo, o sócio-gerente da denunciada cometeu o crime previsto e punido pelo nº 1 do art. 316º do CT.
6. O denunciante deseja constituir-se assistente, nos termos do disposto na al. a) do nº 1 do art. 68º do Processo Penal.

Junta: 2 documentos e procuração.

O Advogado,

XIII. Procurações

1. PROCURAÇÃO DO TRABALHADOR COM PODERES ESPECIAIS

Nome ..., estado civil ..., de ... anos, profissão..., titular do cartão de cidadão nº ..., válido até ..., residente em ..., contribuinte fiscal nº ..., constitui seu bastante procurador o Sr. Dr. ..., advogado, titular da cédula profissional nº ..., com escritório em ..., a quem, com os de substabelecer, confere os mais amplos poderes forenses em direito permitidos, incluindo os de confessar, desistir, transigir, representá-lo nas audiências de parte, preliminar e de julgamento, tentativas de conciliação e noutros actos em que seja obrigatória a sua comparência pessoal,[1] no processo que intentará no Juízo do Trabalho do Tribunal Judicial da Comarca de ..., contra a Sociedade ... .

Local e data

Assinatura

[1] As partes devem comparecer pessoalmente, salvo justificada impossibilidade, nas audiências e tentativas de conciliação previstas nos arts. 36º, nºs 1 e 2, 51º, 54º, nº 3, 71º, nº 1 e 98º-F, nº 2, do CPT.

2. PROCURAÇÃO DO EMPREGADOR COM PODERES ESPECIAIS

Denominação social ...,[1] pessoa colectiva nº ...,[2] com sede em ..., com o capital social de € ..., matriculada sob o mesmo número na Conservatória do Registo Comercial de ...,[3] representada por ...,[4] constitui seu bastante procurador o Sr. Dr. ..., advogado, titular da cédula profissional nº ..., com escritório em ... a quem, com os de substabelecer, confere os mais amplos poderes forenses em direito permitidos, incluindo os de confessar, desistir, transigir, representá-lo nas audiências de parte, preliminar e de julgamento, tentativas de conciliação e noutros actos em que seja obrigatória a sua comparência pessoal,[5] no processo comum de trabalho, em que é autor ..., que corre termos no Juízo do Trabalho do Tribunal Judicial da Comarca de ......, Juiz ......, com o nº ... .

Local e data

O(s) Gerente(s) da ...,

Assinatura(s)

[1] Denominação da pessoa colectiva ou nome completo da pessoa singular.

[2] NIPC se for pessoa colectiva ou NIF se for pessoa singular.

[3] Todas as sociedades devem indicar o número de matrícula da Conservatória do Registo Comercial, igual ao NIPC.
As sociedades por quotas e anónimas devem ainda indicar o capital social (nº 2 do art. 171º do Código das Sociedades Comerciais).

[4] A pessoa colectiva é representada por um ou mais gerentes, administradores ou procuradores, conforme o respectivo contrato de sociedade.

[5] As partes devem comparecer pessoalmente, salvo justificada impossibilidade, nas audiências e tentativas de conciliação previstas nos arts. 36º, nºs 1 e 2, 51º, 54º, nº 3, 71º, nº 1 e 98º-F, nº 2, do CPT.

3. PROCURAÇÃO DO EMPREGADOR COM PODERES PARA INSTRUIR PROCESSO DISCIPLINAR[1]

Denominação social ...,[2] pessoa colectiva nº ...,[3] com sede em ..., com o capital social de € ..., matriculada sob o mesmo número na Conservatória do Registo Comercial de ...,[4] representada por ...,[5] constitui seu bastante procurador o Sr. Dr. ..., advogado, titular da cédula profissional nº ..., com escritório em ..., a quem confere poderes para instruir o processo disciplinar instaurado contra o trabalhador ... com (ou sem) intenção de despedimento.

Local e data

O(s) Gerente(s) da ...,

Assinatura(s)

[1] O processo disciplinar está previsto no art. 329º e nos instrumentos de regulamentação colectiva do trabalho (sem intenção de despedimento) e nos arts. 352º a 357º (com intenção de despedimento), todos do Código do Trabalho.

[2] Denominação da pessoa colectiva ou nome completo da pessoa singular.

[3] NIPC se for pessoa colectiva ou NIF se for pessoa singular.

[4] As sociedades devem indicar o número de matrícula da Conservatória do Registo Comercial, igual ao NIPC. As sociedades por quotas e anónimas devem ainda indicar o capital social (nº 2 do art. 171º do Código das Sociedades Comerciais).

[5] A pessoa colectiva é representada por um ou mais gerentes, administradores ou procuradores, conforme o respectivo contrato de sociedade.

4. SUBSTABELECIMENTO

..., advogado, titular da cédula profissional nº..., com escritório em ..., substabelece, com (ou sem) reserva,[1] no seu colega Dr. ..., advogado, titular da cédula ..., nº ..., com escritório em ... os poderes forenses que lhe foram conferidos por ..., através de procuração junta ao Proc. nº ......, Juiz ......, do Juízo do Trabalho do Tribunal Judicial da Comarca de ...".

Local e data

Assinatura

[1] "O substabelecimento sem reserva implica a exclusão do anterior mandatário" (nº 3 do art. 44º do CPC).

5. REQUERIMENTO DE RENÚNCIA AO MANDATO[1]

Tribunal Judicial da Comarca de ...
Juízo do Trabalho de ... – Juiz ...
Proc. nº ...

Exmo. Senhor
Dr. Juiz

..., mandatário do R. ..., nos autos de acção declarativa, com processo comum, em que é A. ..., vem renunciar ao mandato, nos termos e para os efeitos do disposto no art. 47º do CPC, aplicável por força do disposto na al. a) do nº 2 do art. 1º do Código de Processo do Trabalho.

O Advogado,

[1] O requerimento de renúncia deve ser junto ao processo, sendo notificado à parte contrária e ao mandante (nºs 1 e 2 do art. 47º do CPC).

XIV. Outros Formulários

1. CERTIFICADO DE TRABALHO

Empregador,[1] pessoa colectiva nº ...,[2] com sede na Rua ..., declara, nos termos da alínea a) do nº 1 do art. 341º do Código do Trabalho, que o trabalhador ... foi admitido em ..., tendo cessado, por acordo, o respectivo contrato de trabalho em ... .

Mais declara que sempre desempenhou as suas funções de ... com zelo e competência.[3]

Local e data

Assinatura do sócio-gerente do empregador

[1] Denominação da pessoa colectiva ou nome completo da pessoa singular.

[2] NIPC se for pessoa colectiva ou NIF se for pessoa singular.

[3] Além das datas de admissão, de cessação e do cargo desempenhado, o certificado só pode conter outras referências a pedido do trabalhador (art. 341º, nºs 1 al. a) e 2 do CT).

2. DECLARAÇÃO DE SITUAÇÃO DE DESEMPREGO

SEGURANÇA SOCIAL

DECLARAÇÃO DE SITUAÇÃO DE DESEMPREGO (1)

1 ELEMENTOS DO EMPREGADOR

Nome (pessoa singular ou colectiva) ____________________

N.º de Identificação de Segurança Social ____________ N.º de Identificação Fiscal ____________

2 ELEMENTOS DO TRABALHADOR

Nome completo ____________________

Data de nascimento ____ ano | mês | dia N.º de Identificação de Segurança Social ____________

N.º de Identificação Fiscal ____________ Data da cessação do contrato de trabalho ____ ano | mês | dia

3 MOTIVOS DE CESSAÇÃO DO CONTRATO DE TRABALHO (Assinale, **apenas**, o motivo correspondente)

Iniciativa do empregador

1 Justa causa de despedimento por facto imputável ao trabalhador.

2 Despedimento coletivo.

3 Despedimento por extinção do posto de trabalho.

4 Denúncia do contrato no período experimental.

5 Despedimento por inadaptação superveniente ao posto de trabalho.

6 Cessação de comissão de serviço ou situação equiparada, quando não subsista um contrato de trabalho.

Iniciativa do trabalhador

7 Resolução com justa causa.

8 Resolução com justa causa por retribuições em mora (salários em atraso).

9 Denúncia do contrato de trabalho/demissão.

10 Denúncia do contrato de trabalho no período experimental.

Revogação por acordo

11 Acordo de revogação por a empresa se encontrar em processo de recuperação previsto no Código da Insolvência e Recuperação de Empresas ou em processo extrajudicial de conciliação.
Indique o n.º do processo e entidade: ____________

12 Acordo de revogação com redução de efetivos por a empresa se encontrar em situação económica difícil, assim declarada nos termos do disposto no Decreto-Lei n.º 353-H/77, de 29 de agosto.
Indique o diploma aplicável: ____________

13 Acordo de revogação com redução de efetivos por a empresa se encontrar em reestruturação, pertencente a setor assim declarado por diploma próprio.
Indique o diploma aplicável: ____________

14 Acordo de revogação com redução de efetivos por a empresa se encontrar em reestruturação, declarada por despacho do membro do Governo responsável pela área do emprego.
Indique o Despacho: ____________

15 Acordo de revogação fundamentado em motivo que permita o despedimento coletivo ou extinção de posto de trabalho, tendo em conta a dimensão da empresa e o número de trabalhadores, em que **foi dado conhecimento ao trabalhador, para efeitos de atribuição de prestações de desemprego, de que a cessação do contrato de trabalho respeitou os limites de quotas** estabelecidos no n.º 4 do artigo 10.º do Decreto-Lei n.º 220/2006, de 3 de novembro.

16 Acordo de revogação sem redução do nível de emprego, com vista ao reforço da qualificação e capacidade técnica da empresa.

17 Acordo de revogação não previsto nos n.ºs 11 a 16.

Caducidade do contrato

18 Fim do contrato a termo.

19 Cessação do contrato de militar que solicitou a renovação do mesmo e esta não lhe foi concedida por facto que não lhe é imputável **ou** porque atingiu o período máximo de contrato permitido por lei.

20 Despedimento promovido pelo administrador da insolvência, antes do encerramento definitivo do estabelecimento.

21 Morte do empregador, extinção ou encerramento da empresa (quando não se verifique a transmissão do estabelecimento ou empresa).

22 Impossibilidade superveniente, **absoluta e definitiva** de o trabalhador prestar o seu trabalho ou de o empregador o receber.

23 Reforma por velhice do trabalhador.

24 Reforma por invalidez do trabalhador.

CERTIFICAÇÃO DO EMPREGADOR

____ ano | mês | dia ____________ Assinatura e carimbo

CERTIFICAÇÃO DA ENTIDADE COMPETENTE EM MATÉRIA DE INSPEÇÃO DO TRABALHO (2)

Motivo de cessação do contrato ☐ O empregador não cumpriu as formalidades previstas no Código do Trabalho ☐ Outro ____________

____ ano | mês | dia ____________ Assinatura e carimbo

(1) A emitir pelo empregador nos termos do artigo 43.º do DL n.º 220/2006, de 3 de novembro, no prazo de cinco dias úteis a contar da data do pedido do trabalhador.
(2) A preencher no caso de impossibilidade ou de recusa de emissão por parte do empregador.

Os dados pessoais apresentados serão objeto de tratamento pelos serviços competentes da Segurança Social (Instituto da Segurança Social, I.P., Instituto da Segurança Social dos Açores, I.P.R.A e Instituto de Segurança Social da Madeira, IP-RAM) para os fins a que se destina o presente formulário e serão conservados pelo prazo estritamente necessário à prossecução desses fins.

Os referidos Serviços da Segurança Social, comprometem-se a proteger os seus dados pessoais e a cumprir as suas obrigações no âmbito da proteção de dados.

Para mais informações sobre a proteção de dados, consulte o portal da Segurança Social em www.seg-social.pt

As falsas declarações são punidas nos termos da lei
Esta declaração pode ser apresentada on-line no sítio da Segurança Social, em www.seg-social.pt

Mod. RP 5044/2018 - DGSS (Página 1 de 1) versão www.seg-social.pt

3. REQUERIMENTO DE PROTECÇÃO JURÍDICA

SEGURANÇA SOCIAL

REQUERIMENTO DE PROTEÇÃO JURÍDICA
PESSOA SINGULAR

Antes de preencher leia com atenção as instruções de preenchimento

1 IDENTIFICAÇÃO DO REQUERENTE

Nome completo

Data de nascimento (ano mês dia) N.º de Identificação de Segurança Social

Sexo ◯ M ◯ F Estado civil ◯ Solteiro ◯ Casado ◯ Divorciado ◯ Outro ______

Naturalidade:

País ______ Distrito ______ Concelho ______

Freguesia ______ Nacionalidade ______

N.º de Identificação Fiscal

B.I./Passaporte/Autorização de residência n.º ______ de ______ (ano mês dia)

Entidade emissora ______

2 OUTROS DADOS DO REQUERENTE

Morada (1)

Código postal -

Localidade Telefone

País ______ Distrito ______ Concelho ______

Freguesia ______

Profissão ______ ☐ Trabalhador por Conta de Outrem ☐ Trabalhador Independente

No caso de se encontrar desempregado e não beneficiar de subsídio de desemprego, indique o n.º de utente do centro de emprego ______

Se casado, indique o regime de bens ◯ Comunhão de adquiridos ◯ Comunhão geral de bens ◯ Separação de bens

Profissão do cônjuge ______

(1) Se não tiver residência estável indique local de contacto.

3 COMPOSIÇÃO E SITUAÇÃO ECONÓMICA DO AGREGADO FAMILIAR DO REQUERENTE
se tiver mais de 6 elementos peça a Folha de Continuação

3.1 Agregado Familiar (2)

	Nome (1.º e último)	Data de nascimento (ano mês dia)	Parentesco	N.º de Identificação de Segurança Social	N.º de Identificação Fiscal
1	**Requerente**				
2					
3					
4					
5					
6					

(2) Indique todas as pessoas que vivem em economia comum pela seguinte ordem: cônjuge ou pessoa com quem vive em união de facto; descendentes; ascendentes; outras pessoas que façam parte do agregado familiar.

(continua na pág. seguinte)

Mod. PJ 1/2018 - DGSS (Página 1 de 4) versão www.seg-social.pt

3 COMPOSIÇÃO E SITUAÇÃO ECONÓMICA DO AGREGADO FAMILIAR DO REQUERENTE (continuação)

3.2 Rendimentos do Agregado Familiar

Rendimento anual líquido do agregado familiar ____________________ EUR

3.3 Propriedade de bens imóveis por agregado familiar

O requerente ou as pessoas que vivem em economia comum têm bens imóveis? ◯ Sim ◯ Não

Se respondeu **Sim**, preencha o quadro seguinte:

Tipo (3)	Localização	Artigo matricial	Descrição predial n.º	Urbano/ Rústico	Proprietário (4)	Forma de aquisição (5)	Valor de aquisição
Casa de morada de família							

3.4 Propriedade de veículos automóveis por agregado familiar

O requerente ou as pessoas que vivem em economia comum têm veículos automóveis? ◯ Sim ◯ Não

Se respondeu **Sim**, preencha o quadro seguinte:

Matrícula/Registo	Marca e Modelo	Ano	Proprietário (4)	Forma de aquisição (5)	Valor de aquisição

3.5 Propriedade de outros bens por agregado familiar

O requerente ou as pessoas que vivem em economia comum detêm participações sociais ou valores mobiliários? ◯ Sim ◯ Não

Se respondeu **Sim**, preencha o quadro seguinte:

Proprietário (4)	Quantidade	Forma de aquisição (5)	Descrição (6)	Valor nominal por unidade	Valor total

(3) Casa de morada de família e/ou outros
(4) Exemplo: cônjuge, outros elementos do agregado familiar
(5) Exemplo: compra, doação
(6) Exemplo: quotas, ações, obrigações, títulos de participação, unidades de participação em instituições de investimento coletivo

(continua na pág. seguinte)

4 MODALIDADES DE PROTEÇÃO JURÍDICA

Assinale com [X] a(s) modalidade(s) pretendida(s)

4.1 Consulta jurídica ☐

4.2 Apoio judiciário ☐

☐ Dispensa de taxa de justiça e demais encargos com o processo

☐ Nomeação e pagamento da compensação de patrono

☐ Pagamento da compensação de defensor oficioso

☐ Pagamento faseado de taxa de justiça e demais encargos com o processo

☐ Nomeação e pagamento faseado da compensação de patrono

☐ Pagamento faseado da compensação de defensor oficioso

☐ Atribuição de agente de execução

4.2.1 Finalidade do pedido - Pode assinalar apenas uma das opções

☐ Propor ação judicial - tipo de ação ____________________

☐ Contestar ação

Ação n.º __________ que corre termos no(a) ____.º Juízo/Vara ____.ª Secção do Tribunal __________

☐ Outro ____________________

Ação n.º __________ que corre termos no(a) ____.º Juízo/Vara ____.ª Secção do Tribunal __________

Qualidade em que intervem na opção pretendida: ☐ Autor ☐ Réu ☐ Arguido (7) ☐ Assistente ☐ Outra __________

Valor da ação __________ EUR

4.2.2 Oportunidade do pedido

O requerimento é apresentado antes da primeira intervenção processual do requerente? ○ Sim ○ Não

Se respondeu **não**, indique se a situação de insuficiência económica se verificou no decurso do processo ○ Sim ○ Não

Se respondeu **sim** à pergunta anterior, diga se, após o conhecimento da situação de insuficiência económica, já interveio no processo ○ Sim ○ Não

4.3 Observações

Explique, por palavras suas, a sua pretensão: ____________________

____

____

(7) Não é necessário preencher o ponto 4.2.2 - Oportunidade do pedido

5 CERTIFICAÇÃO

5.1 Do requerente

Tomei conhecimento de que devo:
- comunicar qualquer alteração da informação prestada até ao mês seguinte ao da sua verificação;
- entregar cópia do presente requerimento no tribunal onde decorre a ação, no prazo que me foi fixado na citação/notificação.

As declarações prestadas correspondem à verdade e não omitem qualquer informação relevante.

____ | ____ | ____
ano mês dia

__________ Assinatura do requerente conforme documento de identificação (8)

__________ Assinatura sob carimbo do representante do requerente

(8) O requerimento pode, também, ser assinado por: legal representante do menor; rogado, no caso de o requerente não saber assinar.

5.2 Do Ministério Público (A preencher, apenas, no caso de requerimento apresentado pelo Ministério Público)

Comarca __________ Tribunal __________

__________ Assinatura e carimbo

(continua na pág. seguinte)

6 DOCUMENTOS A APRESENTAR

Assinale com X os documentos apresentados

Devem ser apresentados os documentos relativos ao requerente e demais pessoas que com ele vivam em economia comum.

Fotocópias de:

- ☐ Bilhete de identidade/Passaporte/Autorização de residência ou documento análogo do requerente e demais pessoas que com ele vivem em economia comum, bem como do rogado ou do legal representante do menor, no caso de o requerimento não ter sido assinado pelo requerente.
- ☐ Recibos de vencimento emitidos pela entidade patronal nos últimos seis meses, no caso de trabalhador por conta de outrem.
- ☐ Declarações de IVA referentes aos dois últimos trimestres e documentos comprovativos do respetivo pagamento e recibos emitidos nos últimos seis meses, no caso de trabalhador independente.
- ☐ Documento comprovativo do valor atualizado de qualquer prestação social desde que não seja atribuída pelo sistema de segurança social português.
- ☐ Documento que titule a aquisição dos bens imóveis. (9)
- ☐ Documento comprovativo do valor da cotação verificada no dia anterior ao da apresentação do requerimento ou que haja titulado a respetiva aquisição, no caso de valores mobiliários cotados em mercado regulamentado ou de participações sociais.

Se o requerente ou as pessoas que com ele vivam em economia comum forem titulares dos órgãos de administração de pessoa coletiva ou sócios detentores de uma participação social igual ou superior a 10% do capital social de uma sociedade, devem ser ainda apresentados os seguintes documentos relativos à pessoa coletiva:

Fotocópias de:

- ☐ Declarações de IVA referentes aos últimos 12 meses e documentos comprovativos do respetivo pagamento.
- ☐ Documentos de prestação de contas dos três últimos exercícios findos ou dos exercícios findos desde a constituição, no caso de esta ter ocorrido há menos de três anos.
- ☐ Balancete do último trimestre, no caso de se tratar de sociedade.

Outros documentos que comprovem as declarações prestadas, num total de ________

Indicar quais ____

____

Total de documentos entregues ________

(9) Exemplo: escritura pública

7 LOCAL E FORMA DE ENTREGA DO REQUERIMENTO

O requerimento pode ser apresentado em qualquer serviço de atendimento ao público dos serviços de segurança social, pessoalmente, por fax ou por via postal.

Os dados pessoais apresentados serão objeto de tratamento pelos serviços competentes da Segurança Social (Instituto da Segurança Social, I.P., Instituto da Segurança Social dos Açores, I.P.R.A e Instituto de Segurança Social da Madeira, IP-RAM) para os fins a que se destina o presente formulário e serão conservados pelo prazo estritamente necessário à prossecução desses fins.

Os referidos Serviços da Segurança Social, comprometem-se a proteger os seus dados pessoais e a cumprir as suas obrigações no âmbito da proteção de dados.

Para mais informações sobre a proteção de dados, consulte o portal da Segurança Social em www.seg-social.pt

A PREENCHER PELOS SERVIÇOS

O requerimento foi apresentado por:

☐ Interessado ☐ Ministério Público ☐ Advogado ☐ Advogado estagiário ☐ Solicitador

As falsas declarações são punidas nos termos da lei

Mod. PJ 1/2018 - DGSS (Página 4 de 4) versão www.seg-social.pt